我在外交部工作

劉仕傑 著

推薦序

航向偉大航道的人們忘了告訴你的事

文／陳明祺　陸委會副主委

通過高考是不少大學或研究所畢業生最大的夢想，而外交特考又是其中之最，主要的原因大概來自於對這份工作的想像。或者衣香鬢影、異國情調，數杯馬丁尼之後邦誼永固；又或者在全方位圍堵下，在國際會議的場合中，以一篇慷慨激昂又正義凜然的演講換得友邦的掌聲，雖然終究沒能成功突圍，但也留下了史冊裡悲壯的一頁！

關於外交官，我們知道外交領事人員特考的困難。透過許多回憶錄，我們也知道很多外交上的豐功偉業和窮愁困頓。但是，在考進去到退休之間，尤其是外交官生涯的早期階段，我們所知甚少。我們少了關於青年外交官的故事，那些在各國國會迴廊追著議員，那些在深夜裡等外館電報，那些外交戰場上步兵的故事。

這本書填補了這一塊空白。

仕傑是我在國立清華大學社會學研究所中國研究學程指導的學生。在清華社會所，我們不講尊師重道這一套，課堂上唇槍舌劍，連老師都不能免；一堂課下來，我們口乾舌燥，體力放盡，但是襯著新竹強風滿樓的黃昏，我們卻又如此心滿意足。在和我或同學辯論時，仕傑不疾不徐的口吻，讓他的話語格外具有說服力；而他批判的銳利，則遠非低沉的嗓音所能掩飾。

那年夏天，我帶著他和另一位助理在中國走南闖北，在京津地區和長三角進行豐碩的田野研究之旅。之後他隻身前往珠三角，詳盡考察當地特有的、促進東莞和深圳鄉村快速工業化的「三來一補」制度運作。

這樣一位深具潛力的學生，我當然希望他能往學術界發展。所以當他告訴我想投入公務體系，我是非常反對的。仕傑不顧反對，毅然投考外交特考，帶著清大社會所學生的批判印記和對公共事務的熱情，進入外交部工作。

社會學的陶冶讓仕傑兼備田野的敏感和反身性思考的能力。田野的敏感從仕傑描述的洛杉磯和帛琉兩段外派經驗中表露無遺，不管是洛杉磯的僑社或運動文化，還是帛琉社會的民俗風情和全球氣候變遷下的處境，書中都有細膩的觀察和描寫。而反身性的思考也讓這種民族誌式的書寫，帶著身為外交艱困國外交官的無奈，以及處於新舊國家認同夾縫裡青年一代的困知勉行。

仗著批判的精神和對公共事務的熱情，仕傑走上了一條非典型的外交官生涯發展之路。他在臉書上發表長文（對不起，這是清大社會所訓練的錯）議論時政，甚至請假參選臺北市議員，全是循規蹈矩的傳統外交官們避之唯恐不及的事，但他都做了，不但做得振振有詞，還進一步從對公共事務的美好想望，反思制度慣習限制的合理性。個體和組織之間，有稜有角的青年與龐大的官僚體制之間，這個沒人提起的「房間裡的大象」，仕傑勇敢地以身試法。也好在外交體系在新政府的領導下，已經不再是過去那個僵化的「總理衙門」了。進一步來說，青年的活力是政治與行政不斷創新的源頭；而要導入更多年輕世代的活力，不只是外交部，政府各部門都需要更多彈性。

這不是一本「第一天當外交官就上手」的工具書，更不是外交領事特考寶典，就是誠實地記載了年輕外交人員的挫折淚水與欣喜歡笑。社會學大儒韋伯在〈學術作為一種志業〉演講中引用了但丁《神曲》裡的警示，要踏進學術領域工作，「進入此門者，放棄一切希望」！仕傑這本書反而展現了懷著年輕的希望，勇於進入外交之門的熱情。臺灣的外交處境艱難，縱然很多時候做外交如同行過地獄般，有著形形色色的煎熬，但仕傑的經歷告訴我們，熱情與智慧可以轉患難為老練，讓年輕變成熟。願這趟旅程中，原力一直與你同在！

目次

第二部 臺灣外交官，不一樣！

第三部 那些年，體育外交教我的事

第四部　派駐帛琉的日子

寫在最前面

什麼是外交官？

想到外交官，你想到什麼？是國與國之間的折衝樽俎、諜對諜的外交情報，還是非洲大陸或加勒比海島國的異國風情？

外交官的工作充滿高度神祕，外人霧裡看花，總是摸不清。外交工作的高度專業性與機敏性，更使外界充滿好奇。現在就讓我們閉上眼睛，天馬行空地開始想像。

也許是這個畫面：

西裝革履的你，在一場正式拘謹的外交酒會裡，手中拿著香檳在人群中穿梭。和你交談的是以色列參事，耶路撒冷的首都議題已經談爛了，你早已心不在焉，斜後方日本大使館的一等祕書才是你真正想攀談的對象。二〇二〇東京奧運在即，國人想必將高度關注賽事狀況，不如去和他閒扯兩句……

或是這個畫面：

聯合國氣候變遷綱要公約（UNFCCC）締約方大會（COP）會議上，各國代表振振有詞，全球氣候暖化到底存不存在？碳排放量及碳交易市場機制如何建立？已開發國家和開發中國家的責任該如何劃分？噢！對了，中國到底應該負起已開發還是開發中國家的責任？美國總統川普說要退出巴黎協定，那美國的角色會如何轉變？說了這麼多，臺灣的角色在哪裡？臺灣代表團該如何參與？算了，別想那麼多，先好好接待立委團比較重要……

又或許是這個畫面：

你派駐在大使館裡，負責的工作是與駐在國的政務聯繫。臺灣目前僅有十七個邦交國，鞏固邦交的責任是重中之重，外界正拿放大鏡檢視邦誼是否穩固。昨晚你和對方總理的核心幕僚P酒過三巡，稱兄道弟，對方拍胸脯說就是「愛歹丸」，和中華民國的邦交絕對沒有問題，於情於義都不會棄臺灣不顧，「是兄弟就不用擔心！」但話鋒一轉，又說：「兄弟有難，兩肋插刀，你也知道，明年我老闆要競選連任，假如能蓋一間醫院當作政績……ㄟ對了，明年的援助款好像還沒談……」隔天一早，宿醉尚未退去，線民傳來另一個訊息，「聽說那個幕僚P最近和中國商會的人走得很近……」情報真真假假，你該如何回報？

二〇〇八年一月，我通過中華民國外交領事人員特考，正式成為一名外交人員，也就是外界俗稱的「外交官」。歷經基層科員，外放洛杉磯與帛琉共六年，然後又調回臺灣擔任歐洲司科長，算一算在外交這行整整打滾了超過十年。常遇到不同的朋友對我的工作深感興趣與好奇，有些人對外交工作有初步認識，也有些人是一知半解。外交工作，帶著命中註定的詭奇色彩，不需加油添醋，總能輕易引起一陣驚呼。有時候又和「長江一號」之類的情報人員有幾分相似。外界霧裡看花，總覺得我們是不是使用摩斯密碼與總部聯繫？皮鞋的鞋跟其實是電話？遇到緊急狀況還得服毒自盡？誰可以當外交官？會不會顛沛流離或帶來身家生命危險？

於是，寫書的念頭油然而生。

我想藉由這本書，告訴也鼓勵年輕人，務實了解這份工作的性質，然後，如果你適合也願意，不為名利、義無反顧地勇於投入。

切忌存有瑰麗想像，認為外交官生活光鮮亮麗或養尊處優。

也請不要誤會，駐外生活總是杯觥交錯或餐餐牛排、紅酒。

英文能力是外交工作必備但絕非唯一條件，曾經在國外求學或生活不必然是加分。

在政府組織職掌中，外交部隸屬於行政院。換言之，「外交官」就是公務員的一種。如果你極度痛恨官僚體系，也自認不適合庸庸碌碌當一輩子公務員，那請你打消報考外交特考的念頭。

如何知道自己適不適合從事外交工作？根據中華民國外交部官方網站的敘述，它是這樣說的：

經審度外交人員的工作性質和內容，大致可歸納出「一個理想的外交人員」所應具備的知能與人格特質如下：

（一）具有外交事務之學識與經驗，了解國內外情勢。

（二）具有駐在國語文及英語運用能力。

（三）具有思考、分析、組織、管理及應變能力。

（四）具有主持會議、團體諮商、談判、交涉、互動技巧及良好表達等能力。

（五）對駐外工作具有高度熱忱並能承受工作及生活上之高度壓力；能適應不同國家環境及文化（含戰亂、落後之艱苦地區），並願排除個人及家庭之困難接受輪調赴派國外工作。

（六）具親和力及良好人際溝通與協調能力，個性上積極開朗並具有良好ＥＱ。
（七）具有強烈求知欲，能積極吸收新知及虛心學習。
（八）對外代表國家，應具有端正儀表，並熟稔國際禮儀。
（九）具有豐富之學識。

沒錯，看完這段敘述，你我瞬間熱情爆表，雄心壯志油然而生，很多人心中開始出現捨我其誰的抱負。

我可以！我托福接近滿分，大學參加過模擬聯合國辯論！

我可以！我長相帥氣／甜美，絕對是政治公關第一把交椅！

我可以！我學富五車，群覽百籍，最適合代表臺灣和外國政要談論世界大事！

真的是這樣嗎？

這本書是我從事十年外交工作，以一位青年外交官身分所寫的職涯分享。它不是公職考試用書，不會教你如何準備外交特考，也不是某某退休大使的大部頭四十年外交風雲回憶錄，好漢話當年叨叨絮絮，更不會透露外交辛辣祕辛或分析當前國際局勢走向。

但是，如果你想成為一位外交人員，或是更好聽、更光鮮亮麗的說法，你想當一個外交官，這本書就是寫給你看的求職書。就和每一本談職涯規劃的書一樣，這本書是在解密，但不是維基解密（wikileak），而是揭開外交工作的神祕面紗，讓你務實地了解外交工作的性質，然後捫心自問，你／妳，適合嗎？

這份工作當中有光鮮亮麗的一面，比方說，相對優渥的外派待遇；也有辛酸血淚的一面，例如半夜的接送機、無盡的僑宴或顛沛流離的家庭生活；當然也有做為公務員挫折無力的時候。

藉由這本書，我希望你能了解到——

你打算給自己幾年時間考上外交特考？外交特考競爭激烈，英文好的人滿街跑，外掛流利法文、西文、德文的語言奇才也大有人在，每年考生中不乏國外名校如美國長春藤盟校或英國倫敦政經學院畢業的優秀人才。外交特考常常因平均差異不到一分而相互廝殺，每年因〇．五分落榜、決定隔年捲土重來的大有人在。外交特考每年只舉行一次，值得你當全職考生多少年？

問問自己，你適不適合這份工作？你的個性有沒有辦法接受全天待命？有沒有辦法和第一次認識的人同桌吃飯並試著談笑風生？這是一份公職但絕不是朝九晚五。如果你要的是喝茶看報的鐵飯碗，現在就可以把書闔上或甚至拿去退貨。

你準備好接受一份高度飄泊的工作了嗎？你未來三分之二的人生會在國外，由政府決定你的外派地點。可能調派生活舒適的美國或歐洲，也可能前進物質條件相對質樸的太平洋小島或非洲。你將沒辦法陪伴年邁的雙親，茫茫人海中可能尋覓不著人生另一半。親友在臺灣生病甚至不幸過世時，你可能因工作纏身或班機銜接不及無法回臺，最後一面是許多外交人員心中永遠的痛。

這份工作是否符合你未來的人生及家庭規劃？性別會不會是一個變數？你未來的伴侶接不接受你的工作性質？你的另一半有沒有自己的職業？那她／他的職涯怎麼辦？生理男性外交官的另一半常常犧牲自己的事業，那生理女性外交官的另一半呢？是要先結婚再外放？還是外放之後再找對象？一輩子維持單身也很好，但家人會不會給壓力？如果在國外生了小孩，誰照顧？

考上之後，你打算從事幾年的外交工作？你有想過中年轉業的可能嗎？外交工作高度專業，但轉行彈性不大。做行銷企畫可以換一間公司，咖啡達人可以換一間咖啡店上班，但做外交官可沒辦法換一個外交部。擁有十五年外交工作經驗的你在其他行業可以做什麼？專業價值又有多少？除了語文優勢，你在外交以外的行業其實得從零開始。在景氣欠佳的今日，中年轉業意謂中年失業。你願意嗎？

外交工作是一種榮譽，我很感激自己有幸能夠與一群有同樣熱情的同事一起打拚。十年來，外交部同仁因為國內外輪調的緣故，大家都是聚少離多，能夠見面吃上一頓飯或喝上一杯咖啡，都份外難得。見面時，簡單的三言兩語或甚至一個眼神，往往就能了解彼此的辛苦、挫折與喜悅。派駐在外，像移民卻又不是移民，心中念茲在茲還是臺灣這個家鄉。國內的紛紛擾擾，在駐外人員眼中全都是鄉愁，化不開濃稠在心頭。我們說著外語，努力融入異鄉生活，放不下的還是家鄉的安好。搬遷是這一行的宿命，貨櫃上了又下、下了又上，總有幾個紙箱從來不會打開但又捨不得丟棄，一眨眼十年已過，無根無家但又好像經歷了什麼。

如果有緣，希望正在看這本書的你／妳加入我們的行列。一直到退休前，也許不一定會碰上面，也許曾經在電話簿上看過彼此的名字，也許因為洽公通過一次電話，但我相信，我們會說著共同的語言，那屬於外交人員才懂的「行話」。

現在，請你／妳翻開這本書，讓我來為你說說我們的故事。

第一部

外交官這工作啊……

何謂外交官？

外交官（diplomat）一詞的定義五花八門，你可以從各式各樣政治學或國際公法教科書找到林林總總的定義。在網路時代，維基百科是這樣說的：

A diplomat is a person appointed by a state to conduct diplomacy with one or more other states or international organisations. The main functions of diplomats are: representation and protection of the interests and nationals of the sending state; initiation and facilitation of strategic agreements; treaties and conventions; promotion of information; trade and commerce; technology; and friendly relations. Seasoned diplomats of international repute are used in international organisations (e.g. United Nations) as well as multinational companies for their experience in management and negotiating skills. Diplomats are members of foreign services and diplomatic corps of various nations of the world.

簡單說，外交官就是被國家指派與其他國或國際組織執行外交的人。看完還是霧煞煞？沒關係，先欣賞幾個外交官的笑話吧！

【笑話一】

問：如何定義外交？

答：就是你叫一個人下地獄，這人還滿心期待著！（The ability to tell a person to go to hell in such a way that they look forward to the trip.）

說文解字——

這笑話講的是，外交官要具備說服對方的能力。不是說要口才好或舌燦蓮花，而是散發一種令人信服（convincing）的個人特質。傳遞你的訊息然後達標（Deliver your message and get things done.），這就是外交工作的本質。

【笑話二】

問：外交官和女士有何差別？

答：如果外交官說「是」，他的意思是「也許」；如果他說「也許」，他是說「不」；如果他說「不」，那他就不是外交官。（If a diplomat says “yes”, he means “maybe”. If a diplomat says “maybe”, he means “no”. If a diplomat says “no”, he is no diplomat.）

如果女士說「不」，她說的是「也許」；如果她說「也許」，那她說的是「是」；如果她說「是」，那她就不是女士了！（If a lady says “no”, she means “maybe”. If a lady says “maybe”, she means “yes”. If a lady says “yes”, she is no lady.）

說文解字——

雖然這則笑話中關於女性的部分，以今日性別主流化標準觀之，充滿了嚴重性別歧視，但外交官的部分仍然相當貼切，最好的例子是外交官不會輕易地當面拒絕對方。我們常說也常聽到的「我來看看能為你怎麼做」（I'll see what I can do.），就是個十足禮貌又有技巧的軟釘子。從字裡行間讀出或聽出對方的意思，可以說是外交官的基本功。

外交這一行對於文字的要求甚高，文字必須精準（accurate）、隱微（subtle）及細緻（delicate），如能優雅（elegant）更佳。這些標準從表面望文生義似乎相互矛盾，其實不然。精準的重要性在於，你傳遞出去的訊息代表整個政府或國家的立場，所以必須忠於原文或上級指示，切忌自行轉譯（意），否則可能引起對方誤解，輕則有違國際禮儀，重則動搖國本或兩國干戈相向。

隱微或細緻則是另一層次的話語技巧，兩者類似但又不盡相同。美國知名文人 Isaac Goldberg 曾說：「外交就是用最棒的方式來說、去做最骯髒的事情。」（Diplomacy is to do and say the nastiest things in the nicest ways.）可謂一語道盡了外交話術的重要性。

如上面所說，外交官通常不會當面拒絕對方，所以「我來看看能怎麼做」很常見。有時候在表達抗議時，文字表述的方式更需要高度技巧。說重了，傷害兩邊關係；說輕了，又怕不痛不癢。舉例而言，在外交正式信函或演說中，「感到難過」（sorry）通常為輕度表意，「感到遺憾」（regrettable）則是語意強烈的措辭，更別說「譴責」（condemn）一詞了。對語意的掌握需要長期的外交浸淫，不同的解讀涉及不同程度或層次的回應方式。如果有志於此，不妨從現在開始練習研讀例如美國總統的演說稿或其他國家元首的公開發言資料，針對同一議題找出不同時期的稿子比較，將不難發現其幕僚（或所謂文膽）對於文字的琢磨可謂錙銖必較。想當然耳，美國總統針對北韓核武議題發表談話，訊息必須精準傳遞，否則很可能引起誤會，甚至軍事衝突。當然，川普的推特外交又是後話了。

【笑話三】

十六世紀英國外交官沃頓（Henry Wotton）爵士曾說：「何謂大使？是一位誠實

的人被派駐到他國為了自己國家的利益而說謊。」（An ambassador is an honest man sent to lie abroad for the good of his country.）類似的還有：「外交，名詞，一種為自己國家說謊的愛國藝術。」（DIPLOMACY, n. The patriotic art of lying for one's country.）

說文解字——

外交或是外交官，總是在誠實及謊言之間尋找平衡點。為了國家利益，適度的說謊有時是必要，甚至是專業。但是漫天謊言終究會喪失對方的信任，到頭來受傷的，還是自己的國家。遇到危急存亡之秋，該操短線還是要放長線釣大魚？都得倚靠準確的政治判斷。說外交是一種愛國藝術，其實真是十分貼切。或云：「外交官不說謊，他們只是還沒說實話罷了！」（Diplomats don't tell lies. They just haven't told you the truth yet.）

【笑話四】

據說英國首相邱吉爾在二次大戰期間訪問美國白宮，有一天剛洗好澡，全身一絲不掛地站在房間裡，好巧不巧美國總統羅斯福開門進來撞個正著。兩人四目相對。此時此刻，如果你是當事人，應該怎麼面對呢？

聰明如邱吉爾，他是這樣說的：「大不列顛首相在美國總統面前可沒什麼好遮掩的！」（"The Prime Minister of Great Britain has nothing to hide from the President of the United States.）

雖然這段軼事仍不得考證真實性，但做為一位外交官，幽默化解尷尬的危機，可是一輩子的訓練！

外交官必備兩大能力

熱情！熱情！熱情！

從事外交工作很重要的一點是必須擁有高度熱情，這也是最困難的。通常決定報考時胸懷壯志，一旦考上，隨著繁瑣公務的磨練（損），不同政府機關之間的官僚互動，志氣逐漸消弭，龐大的政府體制讓無力感油然而生，權力鬥爭更使人疲憊。能保有多少熱情，往往取決於你是否能堅持「勿忘初衷」。

做為一位青年外交官，我想給你的建議是：對你的國家保有熱忱與熱情！你對於臺灣的了解，對於各項國內議題的掌握與看法，形塑了你向外國政要介紹國家的角度。

舉例來說，同婚議題在國內具高度爭議性，大法官釋憲後的議題發展，臺灣國內民意的走向，乃至於年度同志大遊行的盛況，都是外國友人感興趣的話題。二〇一九年立法院正式通過同婚合法化，身為外交人員，當然要能夠精準地向外賓說明這件事的重要性。

再以勞動議題來說，歐洲向來擁有極豐富左派主義土壤，德國及荷蘭等國家的社會福利制度也相較進步。以德國而言，老師授課到一半會突然穿起背心，告訴學生「我現在要去罷課遊行了」。若是歐洲賓客來訪，自然會對臺灣的勞動政策或勞資法爭議抱持高度興趣。你如何掌握這項議題，同時了解其他國家對這項議題的政策，進而定錨（anchor）自己的分析角度，呈現給外國政要友人，這是一項訓練，也是一種藝術。當中沒有正確答案或標準作業程序，資深外交官不一定做得比新進外交官出色，一切取決於你平時是否用功觀察與思考。

我的心得是，這是一份任重而道遠的工作，一切存乎一心。不管你是基層科員或高階長官，本質都相同。你的外國友人也許第一次造訪臺灣，也許對臺灣認識有限，又或許分不清中國與臺灣，以為臺灣和泰國一樣是大象的國度。他對臺灣的最直接認識，很可能就是你接下來與他交談的三分鐘，或是造訪臺灣的這三天。他對臺灣的好奇及疑問，都希望藉由你得到答案。你的語文（英文或其他外語）是否流利、發音是否漂亮，並不是重點。重點在於你如何端出（present）你的國家，用何種方式描繪你的國家，這才是你與外賓之間真正的交流。用了心，他會感受得到，甚至會心一笑。膚淺回應，外賓也會禮貌性點頭，但心中就難免失望了。

我常常想起擔任基層科員的一幕：那天陪著美國堪薩斯州長 Mark Parkinson 去總統府晉見馬英九總統。進入門禁森嚴的大門前，凱達格蘭大道門口有個高喊抗議的民眾。這類畫面我們看了習以為常，但州長看了我一眼，問那是什麼？我說：「喔！有人在抗議，這也是你在中南海不會看到的畫面。」州長一聽，笑了，也懂了。我是在告訴他，臺灣擁有高度言論自由，而中國沒有。兩岸高低，在當下被我小小地比較了一番。做外交的成就感往往就在這當口，雖不是豐功偉業，但無愧於心的榮譽感，外人很難體會。

請想想你是否有這樣的熱情，能用心感受自己的國家，然後對外宣介（promote）。熱情的多寡不會影響你的待遇高低，但是外交工作的樂趣經常就是在內政與外交之間找到平衡點，並以合適的角度發言。外交人員，一言以敝之，站出來，起碼在那短短三分鐘內，就代表霸氣自信、代表國家。是榮譽，也是責任。

除了熱情，還需要具備專業合宜挑逗（professional and appropriate flirting）的能力。什麼意思？可不是說外交官感情生活風花雪月，更不是說我們言語輕浮，逢人又抱又親。

我指的是一種專業且合宜，容易讓人喜歡與你交談，第一次見面就覺得和你相見恨晚、把你當作莫逆之交的那種特質。

在外交這一行，你有很多機會認識形形色色的人。但常常見了，也忘了。別小看所謂的「專業且合宜挑逗的能力」，在某種程度上，外交官必須讓對方在第一次見面時就對你印象深刻，所以具備專業且合宜的社交技巧十分重要。試想，一場酒會中，你繞了一圈換了三十張名片，別人同樣也換了三十張名片。翌日，當你決定與對方聯繫時，如何確定對方還記得自己？你與對方前一晚短短兩分鐘的交談，格外重要。

外交官是一個高度重視個人特質的行業，你不一定要瀟灑美麗（當然外型出眾總是占優勢，這點似乎在各行各業皆然），但能夠以自己的方式讓對方對你刮目相看或起碼多注意你一眼，有時真是種難以模仿的天分。自信無疑很重要，因為它會帶來魅力。身為一個外交官，在外出席各種餐會應酬或正式酒會的場合，一定要有一夫當關的自信。

迄今我仍記得，剛考進外交部的前半年，我在外交人員講習所（現已改名為外交及國際事務學院）受訓，有一門課很特別，主旨是訓練你如何在短時間內讓對方留下深刻印象。當時講師出了一個模擬情境題：你走進電梯，發現裡面站著一位自己慕名已久的偶像，現在從十三樓到一樓，你有不到一分鐘的時間可以講任何話讓他記得你。電梯開始下降……

入行十年了，我還是常常想到這個情境題，甚至很多時候，真的碰上了這種情境，每次我都會事後回想（或檢討），說什麼話會更好。隨著時間歷練，答案也不相同。在外交這一行，如何使對方驚豔（impress）是個終身的自我磨練。雖說代表國家，但個人特質往往會影響訊息傳遞的品質，甚至是談判桌上的氣氛！

如何準備外交特考？

外交特考的正式名稱是外交領事人員特考，屬於每年一次的公務人員考試，職等比照高考三級。考上之後從薦任六職等開始晉升，通常十年之內可以到薦任八或九職等。

若對職等沒有概念，可以這樣對照：司長為十二職等，大使（或代表）大概是十三或十四職等。從考進外交部到成為司長，順遂的話大概二十到二十五年，當然也有一輩子停留在九職等的狀況。

至於如何準備外交特考？這本書並非考試用書，況且考試科目與內容逐年變動，所以本書沒有考題猜測或題庫分析，我想分享的是與外交特考有關的心得。

首先，很多人往往誤以為大學必須就讀相關科系（如外交系或政治系）才能考外交特考。其實不然，只要有學士資格都可應考。換言之，不論你大學是主修電機或電影，都不會影響你的應考資格。

至於碩士或博士學位呢？當然可以參加考試，一旦考上，薪資或其他待遇和學士資格考上的人相同。攻讀碩士的時間成本相較不高，以女生而言，碩士畢業時大概是二十五歲，仍然十分年輕（男生則再加上兵役時間）。

不過，倘若你已取得博士學位，我個人建議三思。為什麼？

原因之一，雖然外交特考的報考年齡已從三十五歲放寬到四十五歲，但假設你總共花了七年取得博士學位（以社會科學來說很普遍），考上外交特考之後和同期大學畢業考上的人領同樣的薪水，以時間來說是否划算呢？

原因之二，考進外交部的新進同仁個個優秀，換言之，基層科員人人平等，都得做相同繁瑣的事務性工作，擁有博士學位的你是否願意「屈就」？而且不要忘了，外交部的科層政治就和所有公務機關一樣，所有的公文層層上呈，承辦人常常一再清稿。「官大學問大」，你能不能接受長官對於公文的修改？這些都考驗著擁有博士學位的你。

至於在考試科目方面，外交特考的考試科目每年不盡相同，有時會有微調。以二〇一七年來說，第一試的普通科目包括國文和綜合法政知識，專業科目包括國際法（包括國際公法及國際私法）、國際關係、近代外交史、國際經濟、國際傳播、外文（含新聞書信撰寫與編譯），第二試則有集體中文口試及個別外文口試。至於報考語組，除了傳統的英文、法文、德文、西文、俄文、日文、阿拉伯文、韓文，近年為了配合新南向政策，又多了越南文與印尼文。

以上這些考試科目，如果大學並非就讀相關科系，現在坊間也設有補習班，衝刺半年或一年就考上的大有人在。補習班唯一沒辦法在短期內教你的，是語文。以外交特考的成績計算比重而言，語文能力好的考生當然具有相對優勢，甚至可以彌補專業科目的不足，這也解釋了為何每年外交特考考生中，不乏許多有國外求學經驗的考生。以實務面來說，英文組的競爭最激烈，錄取差距常常在〇．二分以內。若能具備第二外語，轉考其他語組（例如西文或法文），也不失為一個考試捷徑（當然，語組會影響之後的外派分發，這點會在另一章解說）。

有心應考的話，現在就可以開始準備。

例如把語文練好。英文或其他外語的進步得靠長期累積，補習班也許開設了英文科目專班，但英文或外語的進步，絕對得靠自己有興趣且願意長期投入時間才有可能。換個角度想，求學時期把英文練好，縱使畢業後不考外交部，語文的優勢也能幫助你找其他工作。

和許多人一樣，我的家庭環境並不優渥，加上在臺南長大，相較於臺北，比較沒有英文學習的環境，我就是靠著興趣苦讀而來。考進外交部之前，我沒有出國經驗，也沒請過英文家教。我強力推薦《經濟學人》（*The Economist*）這本雜誌，不只文章深度夠，雜誌中的題材對於有志從事外交事務的人來說也很有幫助，除了增進英文能力，也能提升及擴大對國際事務議題的分析角度。可以這麼說，《經濟學人》是一本菁英雜誌，各國外交官都有長期閱讀的習慣。

再者就是長期關注國際議題。不見得是為了外交特考，而是一旦你從事外交工作，對於國際議題的掌握，將大大影響你與外國政要或撰擬文稿的深度及廣度。對於當前的國際時事，以現在的網路資源而言，都不難找到相關資料研讀，再轉化成自身的知識系統。

以全球暖化為例。聯合國氣候變遷綱要公約締約方會議的本屆主題是？下一屆主辦國在哪？美國及中國等主要碳排放大國的立場有無改變？太平洋島國元首的會議發言重點？這些都是完整了解氣候變遷的重要面向。

或是以中國「一帶一路」政策為例。身為中華民國外交官，你不可能不去了解全世界第二大經濟體的經濟戰略走向、西方各國對一帶一路的看法及因應策略。稍有研究之後，你會開始了解什麼是中國－中東歐國家高峰會（16+1 Summit）、資產債券化如何運作、鐵路外交又是什麼。

外交議題多如牛毛且瞬息萬變，無法短期之內全部理解甚至掌握，但你可以從現在開始做起，培養關注這些議題的興趣，熟悉並掌握這些議題的媒體平臺，等到基本功養成了，試著練習寫些短評，磨磨自己分析議題的角度。如果可以，甚至多多參加講座（臉書上很多活動訊息可參考）或找幾個同好組成讀書會，都很有幫助。

請記得，外交特考的準備也許是半年到一年，但外交工作的能力培養，現在就可以開始。興趣與熱情，才是讓你的外交專業能力與時俱進的關鍵。

當一位稱職的外交人員

在校園巡迴演講時，常常被問到底下這個問題：「如何才能當一位稱職的外交人員呢？」

每次被問到這個問題，我都覺得很心虛。最大原因是，我不確定自己算不算是稱職的外交人員。那我怎麼知道答案呢？

真要回答，我大概會說，如果你想當外交官，我希望你有同理心，因為外交工作的本質之一，就是理解及尊重對方。

我最常舉的例子，是目前政府的新南向政策。

蔡英文政府自二〇一六年上任以來，大力推動新南向政策。推動初始，全體外交人員兢兢業業努力理解「新南向政策」的意涵及做法。坦白說，這是一個由上而下的（top-down）的政策宣示，亦即除了政務官（部長）以外，外交部全體同仁的工作就是根據自身專業，將這骨幹填滿血肉，讓原本只是政策方向的「新南向政策」變成實際可執行、可推動的業務項目。

對我而言，最難的部分在於臺灣人民的認知（perception），而臺灣人民也包括外交人員。

不要以為外交人員周遊列國、見多識廣，就能快速準確地理解新南向政策的目標國家。一個說來難堪卻很難否認的事實是，許多臺灣人至今對於東協國家的直覺認知，仍然視其為社經地位較低或發展較落後的國家，對他們的文化有時也會因此而缺乏尊重。

最簡單的例子就是每個禮拜天在臺北車站大廳席地而坐的東南亞移工聚會，不久前社會上還針對這些東南亞朋友能不能在北車大廳聚會有過一番辯論。假如今天席地而坐的對象換成白人，或甚至直白地說，是一群白人男性呢？答案可能有點難堪，但我想社會的討論方向又會不一樣了。

另一個前陣子引起軒然大波的例子，則是高雄市長韓國瑜的「瑪麗亞」一說。當時，韓市長原本想表達的是，部分家長沒辦法接受菲律賓人來臺灣當英語老師。這話到底有沒有歧視，後來在臺灣的政治喧鬧裡已經無法找到共識。當時我為了這個新聞，跑去臺北車站和兩位菲律賓移工朋友合拍了一個短片，在網路上獲得很高的迴響。

我也在許多場校園演講中，請現場的同學們問問自己，看到東南亞移工時，心中有無一絲歧視或不耐，甚至厭惡？

心態或認知，往往才是最難改變的。

如果你想成為一位優秀的外交人員，我誠心建議，尊敬你的駐在國朋友或工作對象，個人及國家之間的雙邊友誼才有辦法建立。

抱持同理心，才有辦法走出辦公室的冷氣房，看到最真實的問題。

新南向技職專班就是一個血淋淋的例子。

近來不少新聞指出，來臺就讀新南向技職專班的外國學生，淪為被無良學校及不肖廠商剝削的受害者，成為廉價勞工，而且生活條件惡劣。這當中固然有許多原因，包括臺灣因為少子化導致本地學生不足等，但假如承辦新南向業務的相關官員們，在規劃專案時走出辦公室，實際前往中南部考察，也許就能更準確地事先掌握可能會發生的問題。

對我而言，了解才是最困難的。先了解，才有再來的尊重，也才能知道如何互動，即便在外交領域也是如此。

「新南向政策」不論是規劃或執行，對許多外交人員來說都是全新的學習。已經有太多臺商朋友告訴我，印尼、越南或泰國等國的前線經貿人員是如何優秀、英文又如何流利，展現出怎樣的年輕衝勁與自信，對外談判時沒有一絲官僚氣息，而且高度講求效率。

這些人和他們飄洋過海打工賺取外匯的兄弟姐妹，來自同一個家鄉。理解這些 diaspora 對於有志從事外交的人來說特別重要的，因為同理心（empathy）及相互理解（mutual understanding），是外交路上一輩子的功課。

外交小百科

關注臺灣的東南亞移工議題，創立於二〇一五年的新創非營利組織 One-Forty（中文為「社團法人臺灣四十分之一移工教育文化協會」）文宣摺頁封面上，斗大印著知名瑞士作家 Max Frisch 的話：「我們要的是勞動力，來的卻是人。」（We asked for workers. We got people instead.）

這一句話點出了臺灣移工議題的核心。

One-Forty 主要做兩件事情。

第一是加強臺灣人與東南亞移工的相互認識，並讓臺灣真正成為理解且尊重東南亞移工的國家。方式為舉辦工作坊、設立媒體影音平臺及舉辦展覽等。

第二件事情很特別，移工培力，也就是賦權（empowerment）。講白話一點，鼓勵這些到臺灣工作的東南亞移工利用休假時間，學習包括中文在內等各種技能，目的是讓他們回國後能有更好的就業機會。也就是說，One-Forty 在協助東南亞國家的社會向上流動（upward social mobility），協助的場域在臺灣，方式則是在臺北車站附近的大樓裡租教室舉辦移工人生學校，開設包括中文在內等各項課程。

某個角度來說，One-Forty 是協助提升東南亞移工的勞動技能，「免費」替東南亞國家政府培訓勞工（說免費是因為資源出於臺灣的NGO，而非這些東南亞國家）。舉例來說，這些移工返國後，有可能因為中文技能而在臺商工廠裡擔任基層幹部，領到的薪資比去臺灣之前多出一倍。或許可以這麼形容，這是臺灣的NGO協助東南亞國家的社會流動。

移工議題在臺灣並不是一個受歡迎的公共議題。所謂「受歡迎」，並不是說不重要。相反地，正因為太重要，牽涉到許多臺灣人雇主的利益與臺灣長期的文化，移工議題對政客來說可說是吃力不討好。我問 One-Forty 創辦人陳凱翔有哪些立委長期關注移工議題？他回答藍綠各一，一位是國民黨的新住民立委林麗蟬，另一位是民進黨的不分區立委余宛如。

是的，沒有太多政治人物會主動碰觸這個議題，尤其是新聞媒體上不時出現落跑移工等負面新聞，或是社群媒體上許多雇主抱怨外籍看護經常請假，在臺灣沒有選票的移工注定在新聞版面上屈居弱勢，精於算計的政客不可能冒著丟選票的風險為移工發聲。比起有選票的新住民，移工在臺灣的身分及待遇，不勝唏噓。這也解釋了為何上述兩位立委一位是新住民，一位是不分區。對於區域立委而言，管這事的政治風險實在太大。市議員呢？更不可能。以臺灣當前的政治環境，市議員每天處理大大小小的請託案，一方是有選票的雇主，一方是沒選票的移工，市議員除非想政治自殺，否則碰到這議題，能閃就閃。

然而，這合理嗎？

回過頭看印尼政府二〇一六年推出的「零國際幫傭計畫」（zero overseas domestic workers），當時的目標是在二〇一九年完全禁止印尼女性前往其他國家從事家庭幫傭。而之所以推出這項政策，主因是印尼海外幫傭面對的工作條件太差了。

看看臺灣。我們的最低工資從二〇一八年起調漲為新臺幣二萬二千元（也就是俗稱的22K），到今日變成23K，但弔詭的是，這項「福利」並沒有嘉惠所謂的「家事外勞」。也就是說，印尼看護在醫院或療養院工作適用22K，但如果受僱於家庭，目前薪資為每日新臺幣五百六十七元，一個月約為一萬七千元。這也是為何印尼政府希望臺灣能夠將家事外勞的最低薪資調漲為一萬九千元，以稍稍彌補與受雇於產業或公司看護之薪資差距。

五百六十七元？是的，你沒聽錯，就是這麼低。來臺灣九年、講起中文比我還臺的尤絲妮告訴我，她一個月應該要休四天假，但現在只能休一天，另外三天雇主以加班費給她，一天就是新臺幣五百六十七元。從一大清早照顧爺爺到晚上睡覺，如此長工時的辛勞，可以賺到新臺幣五百六十七元。

我不知道這樣的苦差事有誰要幹，但這群在臺灣的印尼幫傭，就這樣默默撐起了臺灣勞動市場的空隙。

尤絲妮渴望家事外勞也能比照受僱於醫院的看護領到22K，這願望多麼卑微。

「一樣的工作，臺籍看護每天領二千元，一個月領六萬。」她說。

勞動部當然聽到了這些心聲，但按照法規，家庭看護受僱於自然人而非機關團體，不算勞保定義的「雇主」，所以不能領22K。

那就修法吧？又回到前面說的問題。政客一提起移工議題就興趣缺缺、左顧右盼，再不然就輕輕打哈哈。

移工問題還是靜靜擱置。這樣一想，我們離新南向政策的距離，到底有多遠呢？

海外急難救助

外交工作包羅萬象，很難三言兩語道盡。傳統的外交工作與今日的外交工作差異十萬八千里，美國的外交工作與日本的外交工作不盡相同，臺灣的外交工作與其他國家當然更不一樣。不過，有一個工作項目非知道不可，那就是海外急難救助。

顧名思義，海外急難救助就是協助旅外國人處理緊急事故。定義看似簡單，做起來卻十分具有挑戰性。關鍵在於：何謂旅外國人？何謂緊急事故？

以我國的政治現況來看，旅外國人通常是指前往國外旅遊的國民。但有時候，長年旅居在外的僑胞或是在當地求學的留學生也包含在內（關於僑胞或僑務，請見八十六頁〈龍岡親義公所的烤乳豬〉）。至於何謂緊急事務，那就更難定義了，因為每個人對於緊急的想法實在很不一樣。

在我有限的駐外經驗裡，五花八門的「急難救助」也算是遇過不少，尤其洛杉磯是美國西岸的最大門戶，加州更是國人旅遊或求學重鎮，我接到的急難救助請求非常多。以下提供給大家腦力激盪，如果是妳／你，該怎麼做：

情境一：喂！請問是辦事處嗎？ㄟ！怎麼辦？我的護照掉了，可是明天就要搭飛機了！

情境二：怎麼辦？我的皮包被偷了！我沒有錢了，今晚要住哪？

情境三：辦事處嗎？欸欸，洛杉磯不是有鼎泰豐嗎？在哪？要怎麼去啊？啊～對了！辦事處可以幫忙訂位嗎？

情境四：我們剛在迪士尼樂園，現在我媽被園區的警察抓起來了，他們說他偷竊。我們都不會講英文！

情境五：喂！辦事處嗎？我在臺灣，可是我女兒在洛杉磯，她說要自殺，你們可以去救救她嗎？

情境六：欸……我在機場，可是海關不讓我進來，怎麼辦？

情境七：我在機場啦，櫃檯說我沒有簽證不讓我登機，但是出發前旅行社明明說沒問題啊！

情境八：喂！僑務中心嗎？請問你們禮拜天的烘焙課地點在哪啊？

情境九：辦事處嗎？怎麼辦？我們租車在洛杉磯玩，可是剛剛車禍了，現在該怎麼辦？

情境十：我要去辦護照。今天禮拜天？對，我知道，但是我明天就要搭飛機了。

以上有些攸關生命，有些令人莞爾一笑。有些得趕快處理，有些會讓你又好氣又好笑。

不管怎樣，請記住一個重要的原則：同理心。

會撥打急難救助專線的人，通常都是有要緊的事。在人生地不熟的外國，講著同樣語言（中文或臺語）的外館同仁，當然是最值得信賴的人。所以，同理心很重要。

那應該怎麼處理呢？

回答這問題之前，不如先問：「怎麼接到急難救助請求的呢？」

百分之九十的狀況是當事人撥打急難救助專線。例如，駐洛杉磯辦事處的急難救助專線為：+1-213-923-3591，駐帛琉大使館為 +680-7756688。

當然，外交部領事事務局也設有旅外國人急難救助全球免付費專線（800-0885-0885）。

請注意，中華民國全球駐外館處每一個都有類似的專線，由同仁二十四小時輪班值機。歐美各國也有這個制度，只是實際做法不太相同。

換言之，外派時，你一定會輪到急難救助電話值機。實務上來說，值機同仁背負著極大壓力，因為你可能半夜睡得正香，電話突然響起，或是洗澡洗到一半全身泡泡，卻得馬上接起電話「駐洛杉磯辦事處急難救助專線你好！」更別說你正在吃飯、開車、約會、看電影了。有時候電話接起，還得趕快用盡任何方式記下所需資訊，包括對方的姓名、聯絡方式、事情始末等。以我的個人經驗，洛杉磯的急難救助電話每天大概響兩到三次，有些是空包彈，有些卻是不得不處理的緊急狀況。

再次強調，同理心很重要。對你來說，一個月可能得處理五次護照遺失的案子。但對當事人來說，他可能第一次到美國就意外丟失了護照。處理是否得當，也影響國人對外交部同仁的觀感。

前述情境題其實沒有標準處理方式，也沒有最佳答案，每一個狀況都要配合其他資訊，才知道「在當下」應該怎麼處理。為了顧及當事人隱私，以下針對兩案例修正部分情節後說明：

情境四：我們剛在迪士尼樂園，現在我媽被園區的警察抓起來了，他們說他偷竊。我們都不會講英文！

這件案子讓我印象深刻。電話接起來時，我正在洛杉磯的公路上以時速八十英里（約一百三十公里）的速度開車。因為當時的急難救助公務手機為舊型，沒有藍芽功能，所以我冒著被警察開單的風險接了起來。

案情根據當事人的說法大概是這樣：一位從臺灣來的老婦人跟團來美國玩，在迪士尼樂園裡面逛販售商品的攤位，不知道什麼原因被迪士尼員工誤認為偷竊。她的家人一時也不曉得發生什麼狀況，導遊本身的英語能力也有限，幫不上什麼忙。此時，情急之下，當事人連忙以英語說 sorry sorry sorry（大概類似臺語的歹勢歹勢）。沒想到，不說還好，一說更糟。聞風而來的迪士尼警衛一口咬定「你就是認罪，才會說 sorry」。沒多久，當事人被送去附近看守所之類的執法機構。人生第一趟美國之行馬上變黑白。

這個急難救助案件有其難度。由於當事人已經暫時失去自由之身，最重要的是先與她通上電話，了解事情原委，並確保她的健康與安全。當時那間美國執法機構對我們（駐洛杉磯辦事處）態度不夠友善，對我的身分也有懷疑，主要是因為臺、美沒有邦交，我的職稱及證件上都沒有註明是外交人員（證件上寫的是 Taipei Economic and Cultural Office in Los Angeles，並不是寫××Consulate General），不論是要求執行領事通話或探視權，都遭受到了質疑（另一方面也有可能是因為美國的基層執法人員對於外交人員的權利認知不一）。

好不容易與當事人通上電話，印象深刻的是她聽到來自臺灣的口音後，馬上情緒崩潰，用臺語說：「啊我就是摸一下而已啊！怎麼會這樣？快點來幫我～」

由於事涉當事人隱私，細節也無法詳盡說明。總之，動用了辦事處平常所熟識的華人警官人脈與臺籍律師等資源，折騰了好幾天，當事人總算重獲自由，但代價是無法再入境美國。我還記得當事人臨走前說：「哼！這種國家？誰還要再來！」

情境五：我的女兒失戀要自殺了！快救救她！

這個案例非常典型，也就是「皇帝不急，急死太監」。

那晚急難救助手機又響了，我接了起來，對方是一位媽媽，聲音焦慮。

「怎麼辦？我女兒失戀說要自殺！你們能不能去救救她？」

先不論電話的另一頭在臺灣，語焉不詳，重點是她女兒在遙遠的美國加州，而且不在洛杉磯市區，我們該如何探視？好不容易拿到她女兒在美國的手機，一撥，馬上被臭罵了一頓。

「自殺？沒有啊？誰告訴你們的？你們到底是誰？為什麼有我的私人手機？失戀？關你們什麼事？我要報警！你們擾民而且侵犯隱私！」

長話短說，就是母親護女心切，希望辦事處的同仁去關心她女兒。問題是，我們的好意（或者說是她母親的好意）並沒有被接受。

怎麼辦？只能自認倒楣。但下次再發生類似狀況，我們還是得電話關切，畢竟，不曉得哪一次會真的出事啊！

這個典型案例也反映駐外同仁在協助急難救助案例時，心裡得放一把尺。消極辦理，有可能落得國人不諒解，甚至一狀告去立委諸公；過於積極辦理，有時反而不得當事人諒解。一來一往之間，只能靠累積而來的經驗自行揣摩，別無他法。

急難救助是外交官的必備工作之一，雖然聽起來不比鞏固邦交那樣令人肅然起敬，但回歸到外交使節的本質，一開始領事館的設立目的之一，的確也就是為了處理這類事宜。

各國駐外使領館或多或少都有急難救助的工作項目，只是實際的執行方式有很大的不同。有些歐美國家雖然設立急難救助專線，但並非免付費電話，反而收費高昂，目的當然是為了避免民眾濫打，造成使領館不必要的負擔或是浪費行政資源。

在臺灣當前的國情之下，這類討論很容易為了政治正確而缺乏理性討論。民眾發生緊急狀況時，當然需要駐館協助，但協助的時機與方式，甚至力度，在國際上都有規範，當事人不一定了解，甚至連外交官本身也是一邊處理一邊摸索。很多時候，處理的外交官剛剛抵任一個月，對於當地法律及民情尚未完全了解，處理起來更加困難。

若以臺灣的國情來說，除了前面已提過的以同理心面對，還有以下心得分享：

一、強龍不壓地頭蛇，務必遵守當地法令及當地執法機關

在無邦交的地方（也就是全世界大多數的國家，以及民眾最有可能去旅遊或求學的國家），因為臺灣的駐外人員被給予的特權禮遇或外交待遇不盡相同，當地的執法或警政機關願意配合或協助的程度也不一樣。海關願不願意承認你的外交／領事身分？能不能夠執行領事探視權？願不願意讓當事人和你見面或通話？你在當地的外交人員證件有沒有被承認？等等諸多變數都必須考慮。處理狀況時的底線就是勿操短線，尊重對方職權及理性溝通。

二、平日培植友我警政人脈資源

以洛杉磯為例，臺、美之間並無邦交，但南加州的僑胞或華人社區龐大（有此一說，臺籍僑胞估計有二十萬，若包含早期廣義的華人僑胞則有八十萬。當然這些統計數字僅供參考），當地的警政機關除了對我們的駐館相對友善之外，長期下來也與一些華人警官維持著良好的工作情誼，這些都是非常重要的資源。一方面，有助於第一時間掌握資訊；二方面，對方也會提醒你小心勿觸法令底線，有時候甚至能提供語言與翻譯協助（這點非常重要，特別是有時候我們無法直接與當事人見面或通話）。簡言之，中央政府的外交待遇雖然有限，但憑藉著在地警政人脈的培植，遇到發生緊急狀況時，會是非常有用的行政資源。

三、善用當地的民間或僑界資源

在許多國家，或因當地政治制度，或因幅員廣大，或因身分問題，駐館的外交人員有時候接到急難救助的請求，卻沒辦法介入。此時可以試圖尋求例如慈濟分會或是當地僑胞代為協助。

以南加州為例，由於幅員廣大，有些地方車程動輒超過兩小時，甚或將近五小時，駐洛杉磯辦事處同仁無法在事發後第一時間趕到現場。此時可以聯繫當地僑胞，就近提供必要協助。

四、在有邦交的國家更需謹慎

截至目前，臺灣在全世界有十七個邦交國，也就是有十七間大使館（歐洲一個：教廷，也就是梵蒂岡；太平洋島國六個：帛琉、吉里巴斯、吐瓦魯、諾魯、索羅門群島及馬紹爾群島；非洲一個：史瓦帝尼；拉丁美洲與加勒比海地區九個：貝里斯、海地、尼加拉瓜、聖克里斯多福及尼維斯、聖文森、瓜地馬拉、宏都拉斯、巴拉圭、聖露西亞），兩個總領事館（都在拉丁美洲，分別是巴拉圭的東方市與宏都拉斯的汕埠）。

派駐有邦交的國家，通常我們會有正式的外交人員證件，但這不代表你可以橫行無阻。相反地，必須更謹慎。尤其多數邦交國在國際上被認為是小國（當然，所謂小國也是很主觀且不精準的說法，做為一個外交人員必須避免使用這類稱謂），千萬不可因此不尊重當地的法令規章，走警察局像是走廚房，或是出入機場管制區如入無人之境，甚至面對駐地執法官員時，態度頤指氣使。處理失當的話，都將損害駐館與駐地的關係，長期下來甚至可能損害邦誼。

外交小百科

外界所熟悉的領事探視權，規定於一九六三年維也納領事關係公約，其中第五條明文規定領事職務：

第五條　領事職務

領事職務包括：

（一）於國際法許可之限度內，在接受國內保護派遣國及其國民——個人與法人——之利益；

（二）依本公約之規定，增進派遣國與接受國間之商業、經濟、文化及科學關係之發展，並在其他方面促進兩國間之友好關係；

（三）以一切合法手段調查接受國內商業、經濟、文化及科學活動之狀況及發展情形，向派遣國政府具報，並向關心人士提供資料；

（四）向派遣國國民發給護照及旅行證件，並向擬赴派遣國旅行人士發給簽證或其他適當文件；

（五）幫助及協助派遣國國民——個人與法人；

（六）擔任公證人，民事登記員及類似之職司，並辦理若干行政性質之事務，但以接受國法律規章無禁止之規定為限；

（七）依接受國法律規章在接受國境內之死亡繼承事件中，保護派遣國國民——個人與法人——之利益；

（八）在接受國法律規章所規定之限度內，保護為派遣國國民之未成年人及其他無充分行為能力人之利益，尤以須對彼等施以監護或託管之情形為然；

（九）以不牴觸接受國內施行之辦法與程序為限，遇派遣國國民因不在當地或由於其他原因不能於適當期間自行辯護其權利與利益時，在接受國法院及其他機關之前擔任其代表或為其安排適當之代表，俾依照接受國法律規章取得保全此等國民之權利與利益之臨時措施；

（十）依現行國際協定之規定或於無此種國際協定時，以符合接受國法律規章之任何其他方式，轉送司法書狀與司法以外文件或執行囑託調查書或代派遣國法院調查證據之委託書；

（十一）對具有派遣國國籍之船舶，在該國登記之航空機以及其航行人員，行使派遣國法律規章所規定之監督及檢查權；

（十二）對本條第（十一）款所稱之船舶與航空機及其航行人員給予協助，聽取關於船舶航程之陳述，查驗船舶文書並加蓋印章，於不妨害接受國當局權力之情形下，調查航行期間發生之任何事故，及在派遣國法律規章許可範圍內，調解船長、船員與水手間之任何爭端；

（十三）執行派遣國責成領館辦理而不為接受國法律規章所禁止、或不為接受國所反對、或派遣國與接受國間現行國際協定所訂明之其他職務。

何鳳山的故事

在校園演講時常被問到各種五花八門的問題，但有個面向從來沒人主動提起過，直到我說了之後，大家往往露出一副「噢！原來是這樣」的表情。

這個面向就是「外交人員的服從」，或說「外交官也是公務員」。

要談這個面向，最好的方式就是說一說何鳳山的故事。

一九三八年德國「水晶之夜」（Kristallnacht），納粹展開對猶太人的大規模迫害屠殺，全歐洲的猶太人驚慌奔走。當時只要能獲得簽證離開歐洲，就能保住身家性命，無奈當年七月在美麗的法國小鎮 Evian 召開的「國際難民會議」，與會各國代表皆表示不願意接受猶太難民。這是令人十分悲傷的國際現實，因為希特勒的立場其實是「只要其他國家核發簽證或協助，他願意讓這些猶太人離開歐洲」。

當時擔任中華民國駐奧地利總領事的外交官何鳳山，基於人道主義，不顧上司駐德大使陳介的反對，執意核發近二千份（一說是五千份）「生命簽證」給猶太難民。由於當時位於奧地利的五十幾個領事館都不願意核發簽證，何鳳山的獨特義行很快傳開，中華民國駐奧地利總領館瞬間「門庭若市」，門口等待申請簽證的猶太人大排長龍。德軍政府看了不是滋味，隨便編個藉口沒收了總領事館的房產。想不到，何鳳山自掏腰包找了一間公寓，租下來當臨時辦公室，繼續核發簽證。據說共有三萬名猶太人就這樣飛到了上海「過境」，然後又輾轉前往世界各地落地生根。

猜猜看，這樣一位外型俊美瀟灑的外交官，後來的境遇是？

先說簡單的國外部分。二〇〇〇年，何鳳山被以色列政府封為「國際義人」（Righteous Among the Nations）的最高榮譽；二〇〇五年，聯合國正式將他譽為「中國的辛德勒」。我派駐洛杉磯時，洛杉磯猶太大屠殺博物館（Los Angeles Museum of the Holocaust）就在我家隔壁，有一次走去逛逛，還和館內的工作人員聊起這段往事。

國內的部分就有點複雜了。一九三九年，中華民國外交部記了何鳳山一支過（因為抗命之類的理由）。二次大戰後，何鳳山擔任駐哥倫比亞大使期間，被館員指控侵占「二百美元」（不是二百萬美元）公款，接著他遭到停職、取消終身俸並被彈劾，終身清譽毀於一旦，直到二〇一五年，前總統馬英九以「終其一生無可指責」八字褒揚，總算是替他平了反。但何鳳山早於一九九七年逝世，代表接受褒揚令的是他女兒何曼禮。

其實國內外不少人都知道何鳳山的事蹟，而他在國際上得到的榮譽，都來自最初的「抗命」。

出於對猶太人的人道關懷，他毅然決然違反上級指示，核發生命簽證。身為一位外交官與公務員，他很清楚這是抗命，也很了解可能帶來的降級、懲處或甚至危及人身安全的負面後果。他當時的義舉，絕不可能是因為預測多年之後將獲得那些國際榮譽。人道至上，心無懸念，大概就是他當時的心情寫照。

我的選舉助理 Kevin 曾和我討論二二八事件，關於那些下令的人和接受指令的人，應該負起的責任有多重，或是背負的原罪有多少。

這個問題很難回答。在那樣的歷史時刻，個人能有多大的自主性？不服從可能會帶來殺身之禍，服從了卻成為歷史業障的共犯。多年以後，應不應該被檢討或定罪？個人需要負起多大程度的責任？或是一切罪惡推給組織，個人即可瞬間抽離？

這類難題在歐洲經歷過反覆且嚴肅的討論。而討論的前提是先勇敢面對，朝自己的脆弱柔軟之處尖銳進擊。我最喜愛的博物館榜首——柏林猶太博物館（Jewish Museum Berlin）就深深值得我們學習。德國身為這段迫害猶太人歷史的加害者，他們不但正面面對這段傷痛，且毫不遮掩地提醒後代：是的，我們曾經犯了錯，而且我們不想再犯。今日造訪柏林猶太博物館，時時可見年輕學子自發或成群結隊地在館內摸索那段歷史，例如觀賞令人哀傷的影片或閱讀驚悚的文字，館內光線經過設計，刻意保持陰暗，走道曲折狹窄，不易行走，為的就是讓訪客體驗猶太人當年被禁錮的空間壓迫感。

二〇一七年年底，位於荷蘭海牙的國際刑事法庭針對一九九五年波赫內戰開庭審理，前克羅埃西亞指揮官 Slobodan Praljak 聽完判決後，大聲堅稱自己無罪，隨即當庭拿出氰化物服毒自殺。這位一生宛如傳奇的指揮官在南斯拉夫內戰中到底有無罪行，無從得知。歷史的真相真能蓋棺論定嗎？常常未然，也應該未然。但讓全世界為之震驚的當庭服毒這一幕，也許可以再讓我們深深思考一件事情：在特定時空背景下，個人與組織各自有多少能動性？

何鳳山的故事通常會被放在轉型正義的脈絡下談，但對有志從事外交工作的人而言，另一個同樣值得思考的面向是，外交官身為公務員，如果面臨類似何鳳山當年的狀況，該服從？還是該抗命？

當然，何鳳山的例子也許有點極端，況且公務員本來就該服從，許多時候沒有自己的個人聲音，假如你的個性是那種沒辦法事事服從、有意見就想講出來的人，恐怕會在這樣的公務體系過得很辛苦了。

我對於這個問題的感觸特別深，一方面是因為曾經參選公職，一方面是因為在社群媒體的時代裡，公務員在個人的社群媒體帳號上發言，到底該被視為個人帳戶或代表政府機關？關於公務員的言論自由，下一篇我會談得更詳細。

外交官有言論自由嗎？

「房間裡的大象」（elephant in the room）是個英語俗諺，意思是，明明是個明顯的問題或錯誤，但不知為何，大家都不願意面對或討論它。

例如，公務員的言論自由或行政中立問題。

周遭許多公務員朋友都有類似的經驗——不敢在臉書上發表意見。明明是個人的臉書，為何不敢將自己的想法表達出來呢？因為怕被「點作記號」。遇到公共議題，不敢講；談到政治問題，不敢說；提到政黨，躲得更是遠遠的。搞到後來，臉書只能用來晒晒美食、咖啡、小孩，塞滿了小確幸或小痛苦的「無害照片」。這類的「內心小警總」，有時甚至擴大到連他人的文章都不敢按讚，就怕被解讀成附和或支持。偶爾在臉書上讀到一篇好文，分享之前也得謹慎思量，就怕被他人（通常是辦公室不對眼的同事或長官）惡意舉報或通風報信。解嚴迄今超過三十年了，當年的警總仍然安安穩穩地住在許多小公務員心中，叫人不勝唏噓。

這樣的現象，合理嗎？許多人加入公務體系是因為對公共事務懷抱熱情，願意奉獻自己的青春讓社會更好（當然也有人是為了安穩的生活，或俗稱的「鐵飯碗」）。那麼為什麼一旦成為公務員，反而不敢針對公共議題發表意見或表達個人偏好呢？

臺灣的藍綠政治裡，最明顯的現象就是，藍營執政時，綠色意識形態的公務員不敢在臉書上揭露自己的政黨傾向；換作綠營執政，公務部門裡的藍營支持者便逐漸沉默噤聲。問問今日外交部裡的年輕同仁，許多人索性對外宣稱不用臉書，以避免不必要的麻煩。

但是，翻開《公務人員行政中立法》第五條：「公務人員得加入政黨或其他政治團體。」公務人員加入政黨明明是合法行為（事實上，早期公務員多為國民黨籍），為何在個人臉書上多所避諱？

另一個讓人困惑的問題是，公務員到底能不能對外公開發表文章，例如投稿或寫專欄？

標準答案是可以，但不能和職務相關。但實務上是這樣嗎？就我個人經驗，有一次投書公共媒體，內容從社會階級觀點探討性別議題，和外交職務顯無相關，但事後一樣被上級「關切」，理由是被某鄉民投訴了。問題是，針對某一公共議題投書，我有辦法控制成千上萬的鄉民都同意我的論點嗎？

另外，到底如何定義文章內容有無「和職務相關」呢？身為外交官的我，撰文為臺灣的民主與人權價值辯護，痛批中國的不民主。這樣和職務有沒有相關呢？

又或者，臺北街頭每年舉行同志大遊行，為亞洲同志界一大盛事。我假如撰文分析臺灣的性別平權運動現況及困境，並將臺灣現況與荷蘭的性別政策及美國加州的同志運動相比較，和職務有沒有相關呢？

我曾經公開發表了一篇「體育文」，文中提到過去在駐洛杉磯辦事處服務時和謝淑薇互動的經驗，也寫到了美國總統歐巴馬的球迷心。這和職務有沒有相關呢？

允許寫文章，可是又規定不能和職務相關。以今日外交工作的包山包海，面向含括了政治、經貿、文化、體育、戲劇、電影、性別、同志、非政府組織等，從硬實力談到軟實力，再到巧實力、銳實力、暖實力，以及日後不知道會成什麼的X實力，要完全不碰觸這些「可能和職務相關」的議題，那不如趕快封筆比較安全。到後來，一切存乎一心。文章寫得好，機關不會記功嘉獎；但一有人投訴，你還是得補個報告。

另外，還有最常被討論的「兼職」問題。

中華民國公務員依法不得兼職，本身就已經是一個值得被討論或檢討的議題。事實上，邇來的確有許多人在網路上發表對這項規定是否合時宜的檢討聲浪。我在洛杉磯服務時，有一次和某位洛城警探（LAPD）閒聊得知，他除了警政這份正職，還經營房地產和美甲店，生意做得有聲有色，倒也沒聽說因為兼職，歹徒就少抓幾個。

回到臺灣。公務員依法不能兼職，如果需要額外收入，可以寫稿投書，但不能上廣播或電視節目。也就是說，同樣一段話「寫出來」可以拿稿費，上電臺「講出來」卻不能拿。假如是應邀去學校演講「講出來」，卻又變成可以拿車馬費或交通費。我很好奇，那「應邀去學校演講的時候，在臉書或網路上直播」這樣可不可以拿錢呢？法令的不合時宜及不合邏輯，有時候真叫人哭笑不得。

臺灣《公務員服務法》及《公務人員行政中立法》制訂的時空背景，早已與今日相異，這兩部法律經過多次修修補補，仍然未能完全符合現況。當今已有許多人疾呼修法，可見這兩部法律已有窒礙難行或不通情理之處。問題是，官方修法時仍然瞻前顧後，無法跟上時代潮流。

我宣布參選臺北市議員後（外交部有史以來第一位現職參選公職的公務員），許多同仁連對我的支持鼓勵都小心翼翼，且常常帶有一絲憂慮：「這樣出來選，好嗎？」「小心被貼標籤啊！」「公務員可以加入政黨嗎？」這些善意的提醒，都反映出一個嚴肅的問題——公務員深怕動輒得咎。

全臺灣有超過三十萬公務員，這個可觀的數字代表著一大群禁錮的心靈。無論是公務員的言論自由或行政中立，我們都需要以現代的思維，大刀闊斧地重新審視，揮別過往威權時代的遺緒，才能制定出一套符合今日的遊戲規則。

畢竟，大象就在房間裡啊！

上述段落改寫自我參選時發表的一篇談論公務員言論自由的文章，發表後引起了很多討論，但透過這篇文章，我想告訴所有對於外交工作充滿期待和憧憬的人，請務必務實理解，外交部和其他政府部會相同，存在所有公務機關都有的官僚問題，外交人員也必須遵守每一位公務員得遵守的規範。

如果你的個性不受拘束，如果你喜歡暢所欲言，如果你討厭官僚氣息，那麼即便你再嫻熟國際事務、對外交事務再有興趣或外語能力再優秀，恐怕都得再三思考，因為一旦考進外交部成為外交人員的同時，你的肩膀上也開始背負所有公務員都面臨的枷鎖，包括言論自由的受限。

此外，外交事務大多事涉機敏，多數外交人員都是被列管的機密人員（換言之，私人出國旅遊必須事先報備，否則無法出境），這也是外交人員對於言論自由必須更加謹慎注意的原因。無論是朋友之間的私下交談，或是臉書等社群媒體網路上的文字或照片，都有可能一不小心牽涉到洩漏機密的問題。

我認為，政府在公務員言論自由的相關管制上的確存在檢討空間，特別是當前外交工作性質的多元化，早已和早期時空不可同日而語。舉例而言，公眾外交（public diplomacy）已是目前各國外交部的重要業務，美國白宮及國務院等政府機構都善用臉書及推特等社群媒體推廣公眾外交。公眾外交的目的除了軟性文宣宣傳，也包含政務訊息的軟性傳遞。美國總統川普時常在推特上發表驚人之言，成為各國政府嚴肅解讀的訊息。我國外交部現在常常利用臉書發表訊息，並嘗試使用 Instagram 推廣臺灣的影像，蔡英文總統也會利用推特發表外文訊息。

公務員個人的社群媒體使用，到底應該遵守何種規範？在政府沒有明確規定或是法規沒有與時俱進修訂之前，所有公務員只能小心謹慎，每個人心中的一把尺都不同，每個長官的自由心證也不盡相同。這一點，每一位未來的外交人員都必須戒之慎之！

眾裡尋他／她千百度

每次校園演講時，我最常對同學們說的一句話就是：「考上外交官其實沒那麼難，最難的是在漫長的外交生涯中找到另一半，以及在你的家庭生活中找到平衡點。」

一講到這個，同學們總是瞪大了眼睛，一副不可置信的模樣。我尤其注意到，許多女同學聽到「家庭的挑戰」時，往往露出有興趣的模樣。

的確，如果你問我，加入外交部對人生最大的挑戰是什麼？在十年的外交官生涯裡，我自己經歷的以及聽到、看到的，是家庭。

或是你／妳的另一半。

且聽我娓娓道來。

你不一定要結婚，但茫茫人海中，有時候覺得孤單、覺得冷，總會想躺在另一人溫暖的臂彎或是一起躲進被窩，尤其在他鄉外里或嚴寒的霜雪異鄉裡，總渴望有一個人等著門、點著燈。

可是這一切對外交官來說，很難，雖然還談不上奢侈。

無論你／妳是異性戀或同志或其他性別，一旦加入外交行列，你的另一半應該要如何找尋呢？找尋或許還不算難，但該如何維持？

長年在國外漂泊的工作屬性，會讓你的另一半很難工作。哪間公司會雇用一位過去六年工作經驗空白的人？縱使你再優秀，當你隨另一半遠走高飛離開臺灣，履歷上就會出現六年的空白。在許多產業，例如電子業，六年的空白彷彿一甲子，甚至一世紀。離開業界六年再試圖重返職場，可說是困難重重，甚至緣木求魚。

你的另一半如果是ＳＯＨＯ族，例如作家或翻譯。無論你調去天涯海角，只要有一臺電腦，他／她都可以持續工作。

假如不是呢？

以異性戀的男性外交官來說，也許可以找一位女性在家裡相夫教子。雖然時代已經慢慢改變，但（不幸地）在臺灣的社會文化裡，相較之下，女性較容易接受放棄自己的職業生涯（有時候甚至比丈夫的工作更有發展潛力），就這樣嫁雞隨雞、嫁狗隨狗地洗手做羹湯。

角色互換呢？女性外交官的另一半該如何維持工作？傳統社會壓力下，要男性放棄自己的工作，然後在家帶小孩，以現在的社會而言，著實有點困難。當然時代觀念逐漸改變，現在已經愈來愈多「全職」的男性外交官配偶，跟著太太全世界流浪漂泊。

這也是為何我的女性同事常常有不易找到另一半的感嘆。通常能加入外交部的女性工作能力都十分優秀。想當然耳，擇偶條件也不會馬虎。問題是，條件好的男生通常也有份不錯的工作，那他為何要放棄自己的工作呢？

況且，外交部的工作生涯基本上是外派六年加上國內三年，也就是說，九年的周期內，你只有三分之一的時間能在國內尋覓另一半。當然在國外也有可能遇到其他國籍的對象，但談何容易？

好不容易找到另一半後，挑戰才剛剛開始。雖說每段感情都有不足為外人道的困難與挫敗，但對駐外人員來說，我個人覺得挑戰更大。試想，你放棄自己的工作與發展的前途，跟隨另一半到了他國異鄉，卻發現生活上要適應的難度遠高於你的想像。語言的適應、當地文化的適應、新環境的適應等，這些挑戰或多或少都會間接影響你與家人互動的頻率和情緒。此時你發現在臺灣的朋友某甲或是以前的同事某乙，生活過得如魚得水且事業步步高升，於是你開始產生懷疑：當初辭掉工作遠渡重洋，是正確的決定嗎？

小孩更是一個巨大的挑戰。有小孩當然是件幸福的事，但對外交人員來說，必須付出比在臺灣懷孕、待產與養育更辛苦的代價。

從懷孕開始說。

首先妳必須找到信任的婦產科醫師。在歐美等先進國家，這點大概不難。但在基礎建設或物質條件相對落後的國家呢？這就是一個挑戰了。而在漫長的孕期當中，每位孕婦會碰到的挑戰都不相同，包括胎兒出生前可能遭遇的問題也不一樣。有些國家囿於醫療資源有限，無法處理有難度的病例，此時孕婦就得返臺或前往臨近的先進國家就診。

即便在美國，婦產科醫師需不需要會講中文也是一個考量，畢竟在海外生小孩茲事體大，說著相同語言的醫生有時能帶來一種熟悉感與信任感，當然這點也是因人而異。

懷孕時，孕婦通常會遭遇諸多不便，例如孕吐。以男性外交人員而言，太太懷孕在家，有時候需要人幫忙，此時就得商請父母或長輩出面，但這又會帶來潛在且難以避免的家庭糾紛。無論是公公、婆婆或是太太的娘家家人，在異鄉一起生活，難免引起爭吵。

假設克服了懷孕期間的種種困難，再來就是小孩出生之後的挑戰了。

首先，如何做月子？要送月子中心或請家人從臺灣飛過來幫忙？月子餐要自己煮還是外訂？在先進國家如美國，特別是僑胞多的加州等地方，這類資源相較容易取得。但假如是其他國家如帛琉，大概就完全不可能了。以我在帛琉期間看到的經驗來說，臺灣人大多還是選擇回臺灣待產與做月子，更何況月子餐只是新生兒出生後的眾多必備東西之一，其他包括小孩的預防針、尿布及相關嬰兒用品等，在某些國家的確較難取得。

對於外交人員的另一半來說，以上這些挑戰都是家常便飯。這麼說好了，當你決定要與一位外交官共度下半輩子時，就得做好心理準備，未來在家庭上、在人生上，你們都會遇到一般家庭不會遇見的難題。畢竟，外交官漂泊一生，家庭也跟著漂泊啊！

除了家庭，外交官的小孩也不好當。

有人可能會說，不會啊！外交官的小孩從小在國外長大，英文比臺灣長大的小孩好，很棒啊！

其實不然。外交官的小孩有一肚子心酸和委屈，只是外界很難理解。

拿語文來說好了。沒錯，外交官的小孩必須跟著爸媽外放，但以語文學習來說，最常面臨的難題是：英文講不純，中文只能聽和說。外交官常常需要國內和國外輪調，所以小孩子第一次到國外（例如美國）時，得經歷非常艱辛的語文轉換過程。好不容易英文逐漸趕上進度，也適應了國外的校園生活，此時父母又得調回臺灣。一回國，發現自己的中文程度完全跟不上臺灣的同學，甚至連中文的讀寫也大有問題，要是碰到高中入學考試或大學學測等關卡，更是苦不堪言：連課本的理解都有問題，更何況作答？再者，臺灣的教育制度與國外大不相同，外交官子女回國得先適應國內的學習文化，才能逐漸在課業方面試著迎頭趕上。就在好不容易適應臺灣的教學制度後，父母又要外放了……

除了課業，還有交友問題。外交官子女很難有長期的好朋友，最主要的原因就是必須跟著父母跑來跑去。在這所學校交了一些朋友後，又跟著父母去了另一個國家，結交新同學和新朋友。曾經有外交官的小孩對我說，跟著父母跑了這麼多國家，他對友誼的感覺很淡，只有家人才是唯一會一直陪在身旁的。聽來有點心酸，但卻份外真實！

第二部

臺灣外交官，不一樣！

外交人員的國家認同

演講多了，總有幾次被問到尖銳嚴肅的問題。

印象深刻的一次是在東海大學，一位男同學（我記得他姓歐陽）主動舉手發問：

「請問你認為自己是臺灣的外交官，還是中華民國的外交官？」

要回答這個問題，也許能從兩個例子談起。

第一個例子是吳寶春。二〇一八年十二月十日，「臺灣之光」麵包師傅吳寶春以四個字讓許多臺灣人心碎滿地，他說他是來自「中國臺灣」的麵包師傅。

第二個新聞與臺灣的藝人有關。不管是周子瑜、郭雪芙或歐陽娜娜，這幾年志願或被逼著表態向中國效忠的臺灣藝人，已經多到不計其數。這些藝人到底是臺灣藝人，又或是中國藝人？

類似劇本一再上演，幾乎已經算不上是新聞了。八十五度C的咖啡是不是政治？在中國大紅大紫的臺灣藝人是不是政治？平價時尚品牌 ZARA 是不是政治？航空公司網站是不是政治？

在臺灣，政治真能歸政治，經濟又歸經濟嗎？兩岸關係的特殊化，縱使只想當個平凡的小老百姓，政治終究會找上你。在喝一杯咖啡或咬一口麵包的同時，都得被迫回答內心小惡魔的淘氣提問：「你的國家認同是什麼？」

讓我更憂心的是，市井小民可以暫時迴避回答這個問題，但外交人員呢？

派駐美國四年與派駐帛琉的兩年期間，我非常明顯感受到外國朋友對 Taiwan 這個名字其實更熟悉、更親切，Taiwan 這個稱號的確也在文宣觀光上更加便利使用。我在帛琉做自我介紹時，最常用的說法就是「I am Jerry from the Taiwan Embassy in Palau.」，但在正式的外交文書（例如節略）中，我還是會使用 the Republic of China

(Taiwan)的完整名稱。

回到那位同學的問題。我認為，臺灣外交人員的國家認同有三不危機。

不清楚。不知道自己每天沒日沒夜打拚的外交，為的是哪一個國家？中華民國還是臺灣？甚至是中國？政黨輪替後，外交人員的國家認同又得大轉彎，公文上還得字斟句酌、振振有詞地辯護。

不一致。A外交官的國家認同和B外交官的國家認同不一樣。

不敢說。明明心中有個認定的國家認同，卻不敢說，甚至忌諱談論。一被問起，要嘛含糊帶過、支吾其詞，要嘛噤口不語。

著實可悲。

外交人員國家認同的不清楚、不一致及不敢說，某種程度上間接造成了部分外交業務的平庸化與事務化。因為所有接觸到國家認同的核心議題，都有可能被貼上標籤。為了避免麻煩，也為了日後仕途升遷，只好盡量周而復始地辦理事務化的彙整業務。

我想起了過去外派美國的時光。

美國是個高度尊崇國家認同的國家。拿我最愛的棒球來說，職棒大聯盟比賽到了七局的休息時間，會演奏美國國歌〈天佑美國〉（God bless America），帶頭領唱者總是各有特色，有可能是專業歌手、小學生或軍人，最後一句歌詞如何收尾，常常令全場數萬名球迷為之瘋狂。

另一個例子是機場。外派洛杉磯時，我因業務關係時常跑機場，洛杉磯國際機場（LAX）是美國西岸最繁忙的機場，光是航廈就有九個。常聽到類似的機場廣播：「我們感謝您的服役，並向您致敬。」（We thank you, and solute you, for your service.）一問之下才知道，原來是美軍過境洛杉磯國際機場，機場透過廣播提醒大家，現在有美國大兵在此過境，而這廣播就是對於他們為了國家奉獻、在前線作戰的謝意。

這類例子不勝枚舉。縱使有許多美國民眾對川普政府不滿，但講到國家認同，美國人心中只有一個美國，那就是 the United States of America。

回到吳寶春及藝人事件。

「九二麵包」讓許多臺灣人跳腳，同時也有部分臺灣人表態力挺，後者的理由多半是「政治歸政治，經濟歸經濟」。網路上獨派同溫層當然是一面倒狂罵吳寶春，甚至開始起底吳寶春的各種不良素行紀錄（真假難辨）。

藝人事件就很複雜了，網路上各種意見都有，尤其遇到女藝人（例如周子瑜）被迫表態時，網路鄉民往往群情激憤，覺得「子瑜被欺負了」。但歐陽娜娜的事件有另一層考量，因為她的父親歐陽龍時為國民黨發言人，使得網路論戰又多了一層藍綠的政治色彩。

不過最讓我憂心的，其實是現今二十幾歲大學生的想法。這個世代，無論如何稱呼，他們應當如何面對中國呢？

我的世代後面有現在大約二十六歲至三十歲上下的天然獨世代，再來就是正在讀大學的世代了。這些大學生約在二〇〇〇年前後出生，懂事以來已經大量使用網路，他們面對的是一個中國強權與廣大的中國市場。

我的世代在求學時，中國崛起還是一個驚嘆號及問號夾雜的命題。中國會不會崛起？正如同鄧小平說的：「摸著石子過河。」然而，現在的大學生面對中國，似乎沒剩下太多選項。當獨派一直告訴這些年輕人不要屈服於中國，但又無法告訴這些年輕人務實上是否存在其他選項，那該怎麼辦呢？

每一個世代的外交人員面臨的是不同的中國，對中國也有不同的想像。撇開意識形態不談，目前六十幾歲的資深外交人員，約莫是在八〇年代左右進入外交部，當時的中國還處於改革開放初期，甚至是鄧小平九二南巡之前。但是，今日的外交人員面對的是一個崛起的中國，一個經貿實力已經強大到與美國進行貿易戰的中國。

身為外交人員，我們更應該有清楚堅定的國家認同，包括對於中國的姿態。無奈的是，臺灣的民主制度帶來的政黨輪替，也隨之帶來了不同的國家認同定調，有時令人錯亂及錯愕。

這個問題也許短期之內沒有答案，更不是我這個小小外交人員能夠回答的。當然，我也希望這問題可以早日有答案！

龍岡親義公所的烤乳豬

派駐洛杉磯那四年，我吃了四次烤乳豬。不是一般燒臘店的烤乳豬，而是每年二月在中國城裡，和我的龍岡親義公所「兄弟姊妹」們共享的烤乳豬春宴。

龍岡親義公所是洛杉磯眾多僑團之一，由「劉關張趙」四姓的僑胞組成。我姓劉，在四姓裡排行老大。每次去公所，那些六、七十歲姓關、張、趙的長輩總是熱情熟絡地稱呼我為「劉大伯」，害我怪難為情的，急忙對他們說：「元老！別這樣叫！擔當不起啊！」他們總是正氣凜然地回應：「不會不會！你姓劉，你就是大哥，我們是小弟！」公所裡掛著桃園三結義的圖片，講的正是三國時代的傳奇故事。約莫兩千年前的俠義，在今日美國各大城市的中國城或唐人街，仍然被後代尊奉傳頌著。站在公堂，凝望著劉備、關羽、張飛、趙雲的畫像，我總是瞬間神入那段歷史，以自己身為龍岡公所一分子為榮。

龍岡親義公所屬於「老僑」，也就是早期來到美國的華人。他們有的來自中國，有的來自香港。洛杉磯的中國城有無敵好吃的港式飲茶和燒臘，「金龍」餐廳更是中國城裡無數江湖軼事的起源，多少豪傑出於此，也敗於此。早期的堂口要真刀、拿真槍，憑實力跑江湖，平日傍晚放飯時間，養的是自家弟兄。今日的堂口多已逐漸轉型為公所，平日打打麻將活絡心神，經費餘裕時也頒發獎學金嘉惠公所的勤勉學子。在中國城裡，大家說著廣東話或家鄉方言，感覺不像在美國，更不像在加州，倒像是香港古惑仔電影裡的場景。

除了老僑，也有後期才到美國的「新僑」。他們多半來自臺灣，完成大學教育後遠渡重洋追求美國夢，然後落地生根到今天。和老僑相比，新僑更致力融入美國當地主流社會，在各行各業發光發熱，甚至踏入美國政壇，令人佩服。例如，南加州的長堤（Long Beach）每年七月都會舉辦國際龍舟賽，參與隊伍超過兩百支，現場觀眾數萬人，加州政要每年都會出席。而這項體育盛事的主辦人，正是一位來自臺灣的牙醫師陳信豪。陳醫師對於這項體育賽事的熱情，常讓人搞不清楚他的本業到底是什麼。我二〇一一年七月抵任第一週就被同事抓去參加駐洛杉磯辦事處組成的龍舟隊，此後年年參與，二〇一五年七月離任前三天又去划了一次，總共四年划了五次龍舟賽。每年辦事處的名次都墊底（事實上我們參加的是貴賓組，有點像是趣味賽），但划完後，大家吆喝著去附近嗑個加州知名的 In-N-Out Burger，那快樂的時光令人懷念。

不管是烤乳豬還是划龍舟，都是我在洛杉磯的眾多美好回憶之一，我也有許多包括老僑及新僑在內的好朋友，而僑務，正是臺灣外交工作中，敏感、脆弱、容易讓人忽略的部分。

我常被問起，臺灣的外交工作和其他國家相比，最大的不同是什麼？

答案其實很多，端看你如何切入。例如我們的外交處境異常艱難。例如我們只有十七個邦交國，但中華民國護照卻好用到全世界趴趴走。

又或者是我們的僑胞／僑務制度。

在討論之前，我們得先了解什麼是「僑」？翻開字典，英文裡好像沒有相對應的單字。沒關係，查查萬能的維基百科吧！從一九二六年迄今，僑務委員會的英文翻譯共有三個版本：Overseas Chinese Affairs Commission, Overseas Compatriot Affairs Commission, Overseas Community Affairs Council。很妙，英文縮寫都是OCAC，卻有前後不一的說法。針對「僑」這個詞，概念似乎從「海外華人」、「海外愛國者」，再演變到「海外社群」，讓人眼花撩亂。

臺灣以外的國家，除了中國之外，有「僑」這個概念嗎？似乎沒有。最接近的，應該是「海外國民／公民」（overseas national/citizen），或是遊牧民族背景脈絡下的「流散」（diaspora）。不管是哪個概念，和我們所稱的「僑」，都有很大的不同。

為什麼會這樣呢？

在回答中文和英文在「僑」這個詞的意義落差之前，也許可以先想想：為何我們有「僑」這個意義產生？空一格國父曾經（？）說：「華僑為革命之母。」之所以打問號，是因為很多人試圖考證，孫中山究竟有沒有說過這句話。就各種文獻看來，他似乎真的沒有講過這句話。問題來了！假如沒有，為什麼會有這句話？

一說當然是因為在國父的十一次革命之中，僑胞的確出錢出力。各位不要忘記，革命運動本身就是一種政治工作，而搞政治就和今日一樣，是很燒錢的。文宣組織聯繫茶水、請客吃飯、付薪水等，在這麼多次革命裡，僑胞的金錢資助的確幫了很大的忙，所以說華僑是革命之母似乎不為過。

另一說帶有戲謔，真實性不得考。武昌起義時，我們的國父其實不在現場（據說他那時候在檀香山打零工）。革命前十次都沒成功，第十一次他老兄原本也沒抱太大期望，就留在檀香山「運籌帷幄」。想不到好死不死，這次竟然推翻滿清，怎麼辦？雖然是「看報才知道」，但也要十萬火急搭機飛奔回中國刷個存在感。抵達中國第一時間，記者蜂擁而上，問「孫先生從國外趕回來，到底帶了多少錢？」只見孫文眉頭一皺，總算他也見過場面，悠悠地吐出一句話：「我沒有一文錢。帶回來的，只是革命精神！」一語畢全場喝采！正是因為孫文當年就是住在美國的僑胞，所以必須發明出「華僑為革命之母」的金玉良言，因為他自己就是華僑啊！

不管故事為何，都可以看出來，僑胞或僑務的概念，的確有著很特殊的歷史及文化根源。而這樣的特殊性，也在今日造就一些問題，其中最明顯的就是權利與義務的不對等。

例如，僑胞是不是中華民國的國民／公民？在現代民主政治中，公民有著嚴謹的定義，隨之而來的是做為公民的權利與義務。以臺灣來說，以前公民課本都要背誦而聯考必考的三大義務「納稅、服兵役、接受國民教育」，適不適用於僑胞？嗯，似乎沒有。以洛杉磯為例，僑胞繳美國的稅、（在臺灣實施徵兵制的時代）小孩不需要回臺灣當兵，甚至還加入美軍、在美國接受完整教育。那僑胞可以享受臺灣國民的權利嗎？報紙上最常見的，就是僑胞享用我國健保資源的爭議了，這點毋需贅述。

請千萬不要誤會，我並非批評僑胞的行為不對。例如，僑胞繳美國當地的稅，稅率也許甚至比臺灣高；志願加入美軍有的甚至贏得紫心勳章（Purple Heart Medal），也是一種融入美國主流社會的表現；更不用說美國的教育資源和制度明顯優於臺灣。

我想說的是，我們必須在僑務制度上認真思考權利與義務對等的必要性，以及在現代社會，僑務制度是否應該調整或重新定義。舉例而言，上面提到的龍岡親義公所，公所成員的下一代為了傳承，成立了「名義軒」，負責在春宴時提供精彩的舞獅表演。但獅頭一拿下來，這些華人面孔講的可都是道地的英文，有些甚至不諳中文。我很感動這些年輕人願意追溯並發揚自己的文化血統，但他們其實就是土生土長的美國小孩！雖然他們的父母是我們口中的僑胞，但這些小孩心中，真的仍然認為自己是「僑胞」嗎？我常常在心底思索這個問題。

近年在組織改造的議題上，常有僑委會和外交部是否應該整併的討論，其中牽涉到許多政治考量及實務運作的問題，僑委會也試圖在「僑青」、「僑商」、「僑教」等面向強調自身存在價值。即便如此，我還是認為僑務牽涉到資源配置的問題，以及國民納稅金的分配與平衡問題。僑團眾多，品質參差不齊，甚至遊走兩岸也不是新聞。拿臺灣人民辛苦工作繳納的稅金，補助對臺灣實質外交沒有助益的僑團，到底有沒有必要性？還是每年都要「循例補助」？類似的問題是否也適用於在中國的臺商，當然就更值得我們仔細審度思考了。

僑胞當然是我們的重要資源，他們當中有許多人對我們的外交工作，幕前幕後出錢出力，這些都毋庸置疑，也應該給予掌聲，但並不代表僑務制度不需要通盤檢討或

帛琉的海。

帛琉女孩的傳統服飾。

臺灣黑熊壘球隊是我在帛琉最驕傲的事。

壘球隊以球會友。

帛琉衛生部部長 Dr. Emais Roberts，這幾年他在世界衛生大會幫臺灣講了很多話。

帛琉衛生部的好朋友兼工作聯繫夥伴 Damien Wally。

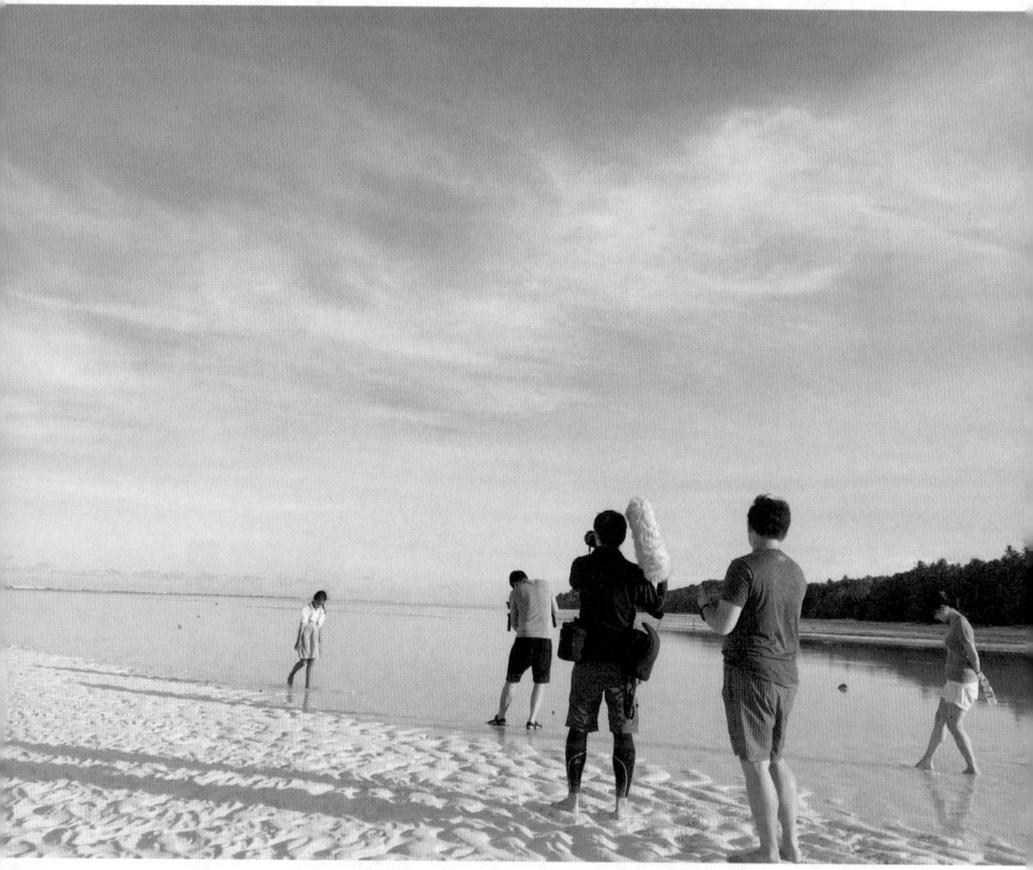

二〇一七年我帶臺灣團隊在帛琉取景，拍攝呼籲全球支持臺灣參與世界衛生大會的短片。

與帛琉教育部科長 Ray 一起合作的「臺灣系列巡迴講座」，
鼓勵更多帛琉學生拿獎學金到臺灣念書。

我和在臺灣念書的帛琉學生餐敘。

小孩滿月趴是帛琉的重要傳統慶典。

我帶帛琉全國棒球冠軍隊來臺灣進行友誼賽，也是史上首度由大使館帶棒球隊到臺灣比賽。

我在帛琉的好朋友神父校長（Father Rich），他一輩子都在太平洋地區不同小島進行教育工作。

臺灣與帛琉的合作計畫告示牌在帛琉處處可見。

帛琉小白宮。這是臺帛建交的象徵。

我與中華民國國旗在帛琉。

陪令狐處長出席加州「裙擺搖搖女子職業高爾夫」球賽。

在我最愛的美國職棒大聯盟道奇隊球場。

和旅美棒球好手陳偉殷在洛杉磯經文處合影。

陪同夏處長轄訪新墨西哥州，拜會州長 Susana Martinez。

帶歐盟外賓在臺大校園拜會美國在臺協會前處長司徒文。

僑胞是重要的外交力量。龍岡親義公所在洛杉磯非常照顧我。

在美國負責高層過境的總統車隊工作。

規劃。我很慶幸自己曾經在僑務繁重的洛杉磯工作四年，面對南加州幾十萬的臺僑及近百萬的華僑，讓我對僑胞或僑務工作擁有深刻的體會。

說了那麼多，其實到現在還相當懷念烤乳豬的香味啊～

我們有個不討喜的鄰居胖虎

身為臺灣的外交人員，當我在高中與大學校園裡分享外交經驗時，最常被問到的就是：「面對中國，我們該怎麼辦？」、「臺灣外交官在國際場合上遇到中國外交官，該如何回應？應該用何種態度回應？」、「中國那麼強大，臺灣的外交有未來嗎？」甚至有一次，被問了一個令人啼笑皆非的問題：「當臺灣的外交官，會不會有一天失業啊？」

我理解年輕世代的憂慮，他們也應當憂慮，應當思考中國因素對於國際政治的影響，中國在全球外交戰場鋪天蓋地的殺戮進逼。

而且不僅是我們，這也是全世界都應該要思考的課題。

二〇一八年五月，一條國際新聞罕見地獲得了臺灣媒體的關注。中國民用航空局發公文給全世界三十六家民用航空公司，下令這些公司在網站下拉式選單中將臺灣、香港及澳門列為「中國」或「中國地區」。由於包括聯合航空（United Airlines）在內的數間美籍航空公司也在發文名單之列，美國白宮罕見地重砲回擊，指責中國政府勿「歐威爾式胡扯」（Orwellian nonsense）*。外交辭令向來保守婉轉，白宮此番嚴詞批評實屬罕見。沒讓美國政府等太久，中國再度隔空開火，明白直陳遵守中國遊戲規則就是在中國做生意的代價。

意外嗎？其實不意外。起碼對我而言，這十年在外交部的工作，每日每夜我們都在思考如何面對這個不友善、不討喜的鄰居胖虎。中國政府強迫國際組織否決臺灣的加入或參與、強迫跨國企業更改公司網站對我們的稱呼、不讓我們參與國際賽事或矮化我們的名稱，不一而足，任何牽涉到國名稱謂的案子，中國毫不手軟，有時手法匪

---

*「歐威爾式」一詞衍生自英國作家喬治．歐威爾（George Orwell）一九四九年出版、描繪未來世界反烏托邦極權國家的知名小說《一九八四》，為極權主義代名詞。

夷所思。

對於外國政府、國際組織或國際企業來說，中國是一個難以抗拒或說是難以不加入的龐大市場。在這個全球化的時代裡，中國在全球供應鏈中占據了無法忽視的地位。可是別忘記，要進入這個市場需要付出多大的代價。接受中國的遊戲規則，代表必須對某些道德原則妥協。

舉例而言，蘋果公司將中國區的雲端用戶服務交給中國巨賈馬雲的阿里巴巴公司與官方色彩濃厚的雲上貴州公司負責。根據蘋果的說法，該項做法只限於中國用戶。但會不會未來某一天，臺灣的蘋果雲端用戶也一體適用？如果那天真的到來，代表臺灣蘋果用戶的隱私將完全暴露在中國的監控之下。

同樣的狀況也發生在《紐約時報》、Google 及眾多公司。最鮮明的例子是《GQ》雜誌臺灣版總監杜祖業原訂於二〇一八年五月接任中國版編輯總監，卻因為在歡送餐會中一個無心的「反攻大陸」玩笑，馬上被總公司做了一個超不時尚的決定——紅頭文件換人。時尚或許和政治無關，但在中國，一切都得有高度政治敏感度。

中國已經是個不可忽視的龐大存在。意識形態式親中或反中，都無益於思考這個龐雜的嚴肅課題。中國不等於中國政府、不等於中國人民，更不等於中國企業，我們必須和中國交往，這道理清楚明白，就像美國、日本、歐盟等國家必須和中國交往。唯一的差別是，中國對我們在軍事上存有敵意，中國東南沿海有千餘枚飛彈對準臺灣，兩岸的國防縱深很短，我們沒有一絲輕忽大意的空間，更沒有天真爛漫的理由。

由於這些因素，面對中國成為臺灣外交官的不可承受之輕。

當中華民國的外交官絕對是一份苦差事，兩岸的政治僵局讓外交官必須在幾十年的外交生涯中尋找一個外交突破點。中國未來會怎樣發展誰也說不準，有可能持續強大，甚至變成世界第一強權，但也可能一夕之間因為社會動亂而崩潰。不可能？很難說，當年蘇聯解體與中東歐國家的民主化，同樣來得迅雷不及掩耳。

面對這樣的鄰居，若你有志於從事外交，我個人的建議是：

第一，養成關注中國發展現況的習慣。你不用成為一位中國專家，但可以成為一位「中國關注者」（China Watcher），關注的對象當然不限於中國的外交，也要包括中國的內政、經貿、文化及體育等。

第二，進入外交部工作之前，實際踏上中國感受與觀察。看看他們的發展現況，理解他們的想法。畢竟進了外交部，要再踏上中國的土地相對來說有很多限制。所以趁著考進外交部之前，去中國進行第一手觀察，我認為是很值得的投資。

第三，也是最重要的，就是跳脫意識形態的思考。理解中國不等於接受中國或傾向中國或反對中國，中國是一個政治實體，同時也是數千數萬個體的集合，不管你從政治、經濟、社會、文化、藝術、體育、性別或宗教等不同面向分析中國，都會得到不一樣的答案。西方政治學界近年針對「中國研究」（China Studies）是否應該單獨列為學科頗有討論，其實背後代表著學界對於理解中國的濃厚興趣。因為太大、太分歧、太複雜，自稱「中國專家」的學者都只能針對部分面向研究與探討。身為臺灣的外交人員，面對如此巨大的鄰居、兄弟、朋友或敵人，其實不能輕忽中國的異質性。跳脫意識形態的思考，務實理解，不帶喜怒偏好，試圖理解中國這個龐大的異質，將有助於扮演好臺灣外交官這個艱難的角色。

回到最上面的問題。當臺灣的外交官絕對不會失業。相反地，臺灣外交部需要更多有志青年報考。這不是一條容易的道路，更不會「食好做輕可」。不管我們的邦交國剩幾個，做臺灣的外交官，永遠是一個充滿挑戰且足以令人挺起胸膛的志業。

兩岸外交

考進外交部之前，我很幸運地曾經在清大社會所接受三年的中國研究學術訓練，跟著一群優秀的老師和同學前往中國蹲點田野。我的碩士論文題目是臺商在珠三角的轉廠運作，很感謝一位臺商朋友當時的收留，讓我在臺幹宿舍裡住了好幾個月，每天訪談與觀察。

我一直相信，臺灣的外交人員必須努力地、有時候帶有不甘地，理解中國這個對手。說「努力」，是因為意識形態的思考往往廉價便捷，對許多人而言唾手可得。說「帶有不甘」，是因為中國的強大現實，讓擺在我們眼前的選項變得相當有限。如何努力理解中國？我認為很重要的一點是不斷參照中國在亞洲及世界的相對定位與互動，用歷史的縱深理解中國的政策更迭。

身為臺灣的外交人員，推動外交業務時最困難的環節，往往就是所謂的「中國因素」。兩岸的外交角力通常不是兩邊的外交部直接對決，而是透過另一個代理機構進行互動。這個代理機構，我們這邊是陸委會，中國那邊是國臺辦。在官方系統之外，兩邊各有海基會及海協會當白手套，在不同的政府氛圍下扮演不同的角色。

如果仔細觀察近年中國的外交系統人事，不難發現一個趨勢——中國的外交工作體系及對臺工作體系的人馬互換，也就是將部分重要職位的官員在這兩個系統間相互調換歷練。例如，前中國駐聯合國特命全權大使劉結一轉任中國國臺辦主任，前國臺辦主任王毅調任為外交部長，海協會會長張志軍之前曾經擔任外交部副部長與國臺辦主任等，藉由人馬互調，展現出中國的對臺政策愈趨靈活。

我認為，外交、國安及兩岸系統的官員應該藉由相互借調來增加歷練，長期而言有助於國安和外交戰力的增強。這個部分，除了行政院人事總處及研考會應該審慎思考技術面及人事法規的可行性，政務體系也應該有更積極的認知，在上述外交、國安及兩岸三個系統之間靈活培養與調用政務人才。有志從事外交的年輕學子也不妨思考一下，在準備外交特考時，嘗試進入兩岸與國安系統歷練。

【案例一：M五〇三事件】

以M五〇三航線為例。二〇一八年一月，中國在未與我們事先溝通協商之前提下，片面啟用了M五〇三北上航路以及W一二一、W一二二與W一二三銜接航路。我國政府從陸委會到民航局，除了要求對岸立即停止相關飛航活動，並盼盡速與中國政府溝通，稱「如陸方一意孤行，將必須承擔影響兩岸關係的嚴重後果」。

但持平而論，受限於當前國際情勢，我們能夠反制作為的能力實在有限，除了被動提升防禦準備，僅能於文字上表達嚴正抗議。然而，這起事件也凸顯了臺灣近幾年爭取參與國際民航組織（ICAO）的正當性、重要性及必要性。

ICAO是什麼？當前外交部在國際參與的部分，除了行之有年卻未見成效的每年九月聯合國大會案，最重要的就是世界衛生大會（WHA）、國際民航組織與聯合國氣候變遷綱要公約。

ICAO為一聯合國專門機構，在ICAO公約憲章第八十四條訂有爭端解決機制，第八十五條訂有仲裁程序，第八十六條訂有上訴條款，甚至第八十七條及第八十八條訂有懲罰條款。

雖然ＩＣＡＯ公約的適用對象為締約會員國（contracting State），兩岸之間的航路爭議目前並不適用，但臺灣可以利用此一契機，向外界詳細說明以長期而言我國參與ＩＣＡＯ的必要性。換言之，在兩造同為ＩＣＡＯ會員的前提下，航路的規劃應該要雙方同意，如有爭議，ＩＣＡＯ理事會可以適當介入。今日，由於臺灣並非ＩＣＡＯ會員，所以M五〇三航路事件一發生，政府雖然表示將告知ＩＣＡＯ，但所謂告知，實際上是以何種形式及效力，其實毋須抱持太高的期望。反之，若能以此為契機，向外界詳細說明ＩＣＡＯ的功能，也能爭取到更多外界認同以及對外交工作的支持。

以三年一次的ＩＣＡＯ大會為例，外交部近年的普遍做法是擬定說帖，並請各駐外館處向駐在國政要爭取以致函或發言的方式尋求支持，甚至拍攝了微電影向外宣介「無縫天空」（seamless sky）的重要性。

平心而論，無縫天空是極佳的訴求，可惜礙於當前的國際政治現實，臺灣在有意義參與（尚非申請成為締約國會員）ＩＣＡＯ上仍然只能徐圖進展。二〇一三年，時任民航局長的沈啟好不容易首度以「理事會主席特邀貴賓」身分受邀出席第三十八屆ＩＣＡＯ大會，到了二〇一六年，在蔡英文總統上臺與中國全力封殺之下，未能受邀出席第三十九屆ＩＣＡＯ大會。

我認為，Ｍ五〇三航路事件可以做為一個契機，讓臺灣向外界用以加強說明參與ＩＣＡＯ之重要性，同時向國際強化臺灣爭取出席二〇一九年第四十屆ＩＣＡＯ大會的正當性。

與此同時，Ｍ五〇三航路事件的另一個重要外交啟示是，我們是否掌握了自身籌碼？

怎麼說呢？中國事實上早於二〇一五年即宣布Ｍ五〇三航路，當時為馬政府時期，兩岸關係和緩（對比今日「冷和」），臺灣在國際參與上的確得到許多「紅利」（dividend），比如世界衛生大會、國際民航組織與聯合國氣候變遷綱要公約，代表團多半能獲得某種程度的參與（儘管是在中國的默許善意下）。

然而，馬政府時期的外交紅利本質是虛假的，且無法操之在己。以二〇一五年Ｍ

五〇三航路為例，當時由於臺灣民眾的反彈，中國政府做出了片面讓步，亦即M五〇三僅開放南向航路，且實際飛行時向西移六浬（約十一公里）。今日，由於對蔡政府未有善意，中國突然宣布啟用M五〇三北上航路與其他三個銜接航路，陸委會與民航局雙雙苦無籌碼反制，足證兩岸關係的發展及臺灣的國際參與，萬萬不能依賴中國單方面的善意。

【案例二：非洲豬瘟事件】

二〇一八年底，全臺灣聞豬色變。在中國爆發的非洲豬瘟，不但可能造成臺灣數千億農產損失，更會讓多年的防疫工作毀於一旦。臺灣自從多年前爆發口蹄疫疫情後，全臺養豬戶驟減，經過這些年努力，目前預定在二〇一九年正式自疫區除名。然而，只要發生一起非洲豬瘟病例，臺灣多年來的防疫努力將瞬間化為烏有。

如此嚴重的事情，中國的態度是？國臺辦發言人馬曉光在二〇一八年十二月二十六日公開表示，非洲豬瘟不適用「海峽兩岸農產品檢疫檢驗合作協議」，因為「大陸豬肉不算是兩岸貿易的農產品」。

只要仔細檢視「海峽兩岸農產品檢疫檢驗合作協議」內容，就會發現馬曉光的說法顛倒是非、黑白不分。「海峽兩岸農產品檢疫檢驗合作協議」是二〇〇九年第四次江陳會談簽訂的，該協議第一條「雙方本互信互惠原則……防範動植物有害生物傳播擴散」，第五條「雙方同意及時通報進出口農產品重大疫情」，第六條「同意建立重大檢疫檢驗突發事件協處機制」。翻遍全篇協議文字，沒有隻字片語提到該協議只適用於兩岸互為進出口目的地的農產品。

中國政府如此態度，讓我想到前中國海協會會長陳雲林二〇一八年底來臺出席海基會已故董事長江丙坤的告別式時，當時的陸委會主委陳明通說：「兩岸之間沒有私交，只有公誼。」很顯然，兩岸之間連有沒有公誼都是問號！我為此在臉書上公開質問馬曉光，今日倘若江丙坤前董事長還在世，他敢不敢問江董事長，二〇〇九年的協議適不適用今天的非洲豬瘟疫情？甚至，同樣的問題我也要問問陳雲林，你來臺灣出席江先生的告別式，當年你們兩人簽署的這個協議，適不適用非洲豬瘟疫情？你認同馬曉光說的嗎？

非洲豬瘟事件除了可能造成臺灣農產品的巨額損失，使我們多年的防疫努力毀於一旦，更重要的是認清兩岸的政治本質。馬政府時期常誇口兩岸和平紅利，動輒以兩岸簽署的二十三項協議證明兩岸實質關係的進展，但今日觀之，這些協議在國際法上定位不清且曖昧不明，執行與監督機制更是付之闕如，中國國臺辦一句「不適用」就馬虎敷衍帶過，甚至反過來指責臺灣不實指控。

面對這樣的中國政府，我們還能一廂情願心存幻想嗎？那些急著當中國政商買辦的人，你們還能繼續天真嗎？

無論是外交紅利或是兩岸和平紅利，有志從事外交工作的人都應認清這些紅利的虛假本質。外交講究的是實力，萬萬不能迷戀敵人給予的短暫甜頭。面對中國，我們絕對不可輕忽或一廂情願！

【案例三：卡式臺胞證】

中國政府在二〇一八年公布「港澳臺居民居住證申領發放辦法」，該辦法中說，申請者除了繳交居住地址、照片外，還必須留下指紋紀錄，日後臺灣公民的居住證號碼為十八碼（與中國身分證相同）。依《臺灣地區與大陸地區人民關係條例》第九條之一第一項規定，臺灣人不得在中國大陸設有戶籍或領用中國大陸護照，違反者將喪失臺灣人民身分、被依法註銷在臺戶籍，以及因戶籍所衍生之相關權利。

問題在於，假設臺灣公民依照個人意願申請了上述居住證，等於在中國設籍嗎？當然不是。

這則新聞在臺灣只上了短暫的版面，但是除了所謂的「統戰」視角，其實它還有多重意涵，值得我們深思。以外交角度而言，當A國公民入境B國國境時，B國有權在邊境要求索取A國公民的生物特徵（也就是掃描指紋或瞳孔），例如即便取得對美免簽，我們在入境美國觀光時，仍然必須在美國機場向海關暨邊境保護署（Customs and Border Protection，CBP）交出我們的生物特徵（掃描瞳孔與按捺指紋）。以中國為例，臺灣公民在中國境內機場辦理快速通關也要按捺指紋。快速通關發生的地點在機場，也就是國境；這和入境中國之後，為了生活上的便利，以交出生物特徵為條件辦理居留證，狀況不同。

我們也許得從歷史的角度重新看待這個政策。研究過去二、三十年中國改革開放的人，大概都知道「戶口」制在區分中國農村人口與都市人口的重要性。戶口影響了中國公民從出生開始的權利高低，「城中村」更是研究中國社會發展的特殊案例。拉回來看中國政府給臺灣公民的居留證政策，不難看出，中國政府顯然在既有的國內社會制度架構上，平行架疊了兩岸軟網，讓臺灣公民舒適地在「內地」享有便利（例如以實名制在中國境內的銀行開戶等）。唯一的弔詭是，隨時能抽網的是中國政府。

不管是之前的卡式臺胞證，或是現在十八碼的居留證（以「類身分證」形式在中國國內戶政被定義），或甚至是廣泛的「惠臺三十一項措施」，對於臺灣人來說，更應該讓我們警覺或驚覺的是，中國愈來愈熟練地在「打外交與內政的擦邊球」，亦即利用兩岸特殊的外交處境，在符合中國國家利益的前提下，「客製化」給予臺灣公民的身分配置證明文件。打擦邊球在政治或外交上不稀奇，我們應該要擔心的是，中國在打擦邊球的戰術上，不介意或甚至刻意地以退為進，以「寧願被多盜一個壘包或多得一分」的偽性善意，包裝以法（港澳臺居民居住證申領發放辦法），動之以情（兩岸一家親的說辭），呼應以理（臺商要的是生活上的便利）。

想成為一位稱職的中華民國外交官，必須能夠正面決戰中國因素對於臺灣政治的影響力，而不是惰性地標籤化思考，更不是意識形態地在統獨之間選邊謾罵。我看到了中國政府靈活地在外交與內政之間畫出一塊專屬特區，以「請君入甕」的微笑向我們招手。身為臺灣的外交人員，必須明辨！

同城飯醉：專訪中國異議分子趙思樂

身為一位臺灣的外交官，我們的工作很大一部分是面對中國。我一直深信，面對中國必須要先理解中國，認清中國是個龐大的異質，不要陷入單一的意識形態狂熱。中國政府不等同於中國社會，而中國政府本身又分成了不同層級、不同區域，中國社會更是如此。

理解中國很重要，正如同理解你的對手很重要。

臺灣的外交人員看待兩岸關係的視角該如何切入？兩岸關係與外交關係又該如何劃分？這把尺在每一個外交人員心中都有不同的度量。

我專訪過一位非常特別的中國異議運動分子趙思樂，我應該是史上唯一曾經專訪中國異議分子的臺灣外交官，這只是我試圖理解中國的一個小小努力。想訪問思樂，很大一部分原因出於我的清大中國研究碩士訓練，我相信這樣的訪問（田野經驗），有助於更了解中國社會的現況。

當然，思樂無法代表中國全體的運動分子，更不能代表她的世代，但思樂做為一個在洪流中努力抵抗中國政權的個人，她的故事值得臺灣人試圖理解、思考，甚至批判及對話。

思樂說起話，有股青春的執拗。

明明該是輕輕柔柔的年紀、擁著花樣年華，甜美的笑容中卻帶著銳利的眼神，眉角不時洩漏一絲早熟世故。是看得多了吧？年僅二十七歲（她堅持還沒滿二十八，噘嘴氣嘟了一下。我連忙道歉，心裡揣著眼前這位以生命和中國政權博弈且莊家明顯不懷好意的女權作家，在談起年紀的瞬間還是有青春的堅持，令人肅然起敬），她的人生日夜趕路似地奔忙，左顧右盼又不忘勇敢前進。她的寫作生涯不長，得獎紀錄乍看之下有點過於輝煌失真——五次獲得亞洲區域人權新聞報導的最高榮譽「人權新聞獎」，二〇一七年獲得亞洲地區最高新聞獎項，亞洲出版業協會「卓越新聞獎」。她筆下的對象身上多的是可歌可泣的故事，來往的不見得是權貴富賈，但全是中國特定社運圈的崢嶸人物。該如何形容思樂呢？就說是「註定把自己的一生鑲嵌進中國大歷史的亮麗女孩」吧。

約好專訪，見面前我反覆琢磨。怎麼問呢？對方向來都是提問題的那個人啊！思樂的第一本書《她們的征途》是一本二十萬字的大部頭著作，二〇一七年的她從三月寫到五月，兩個月關在海南島海邊小鎮的房間裡，每天從早上九點寫到晚上九點，就這樣生出了一本書。講到這她嘟囔：「現在有種被文字 overwhelmed 的感覺……」

我好奇她寫書時有沒有壯士斷腕的決心。思樂說沒有，只是很低調，因為怕之後無法出境。她沒有意料到她的書在臺灣引起迴響，場場演講與座談都爆滿，臺灣民間對於中國的濃厚興趣顯然遠高於她的預期，但隨之而來的是她人生的不確定性，以及中國政府想當然耳大幅提高的監控，甚至監禁。

思樂，站在歷史的浪頭，有時候妳只能被推著走。當我心頭這樣忖著，思樂又接續說：「有時間重來一次，書還是要出的。」

青春果真大無畏。

以文字為武器，最直接衝撞的就是中國的維穩機器。我問她，被上面關切過嗎？思樂說沒有，卻不是因為中共不想。她解釋道，早期中國的運動分子會被「客服」（當地的指派公安）不定時問候，現在中國政府已經不指派「客服」，而是用大數據來監控異議分子，我們其實看不到「他們」，沒辦法掌握做這件事的風險。

科技在民主化到底扮演什麼角色呢？當我們熱衷於運用網路科技打造智慧城市，它也可能被拿來摧殘民主的新苗。

會害怕嗎？我問她。

「會啊，從踏入這一行開始，我從來沒有免於恐懼，只能學習和它共處，平衡自己的情緒。」思樂說這話的時候，眼神是飄移的，語氣嘗試堅定。

談起劉曉波。

思樂的先生莫之許和劉曉波及劉霞是好友。二〇一〇年，劉曉波在獄中拿到諾貝爾和平獎，劉霞委託莫之許幫她先生在家門口宣讀宣言。我好奇地問，劉霞被軟禁，通訊被監聽，如何委託莫之許宣讀宣言？思樂說，也許是透過朋友吧。而劉曉波的案子帶給他們巨大的衝擊，做為一個運動分子，面對那樣高的不確定性，隨時都要有千里尋夫的決心。

思樂談起了中國社運分子的資訊安全。在中國那樣的國家，一個運動分子如何看待資訊安全這件事？很奇妙，你不能時時刻刻想著它，可是你又得無時無刻注意它。做任何一件事情假如都怕消息走漏，那就啥事也做不成。但又不能不注意它，因為理論上中共可以監控你的每一條訊息。思樂說，中國社運圈彼此之間都知道如何使用安全的通訊軟體，訊息要能「地下化」否則就會「碎片化」，如果你不曉得如何使用VPN或是翻牆或是諸如此類的技術，其他社運分子也不會和你聯絡，畢竟沒人會冒這個險。見面，相較之下是最安全的，所有敏感的話當面說。也就是說，線上認識，線下見面。見面做什麼？當然不外乎吃飯、喝酒。他們管這件事情叫做「同城飯醉」，也就是用「同城飯局」來「犯罪」。你有愈多時間和別人吃飯，你在這圈子愈活躍。

形容得真貼切。追求民主的過程總少不了吃飯、喝酒，瞬間我腦子裡竟浮現了

「阿才的店」。

我們聊起臺灣的學運世代傳承。從野百合、野草莓再到太陽花，當年的學運分子如今在大學殿堂授業解惑，培育下一代的街頭戰將。中國有類似的世代傳承嗎？

似乎沒有。

思樂二十一歲那年第一次到高雄義守大學當交換學生，在那之前，她沒聽過王丹、吾爾開希這些名字，甚至不曉得「六四」是什麼。天安門事件在中國的嚴密網軍控管下，民間社會對於六四事件表面一片噤聲。講起王丹，思樂說他長年不在中國，對於中國現在的發展觀察失準。天安門事件後選擇留在中國的運動分子，是思樂口中所謂的「泛八九一代」，這個世代包括了當年在廈門的學生領袖莫之許，當然也包括劉曉波與艾曉明等人。而一九八五年以後出生的「後八九一代」，是她未來想書寫的對象。這兩個世代之間，很難說有什麼傳承。

「泛八九一代」與「後八九一代」的差異，也表現在網路工具的使用上。「泛八九一代」出現於中國互聯網剛興起時，這些經歷過八九學運並選擇留在中國的運動分子用ＢＢＳ等平臺相互串聯，當時中國政府尚未嚴格實施網路監控（也許是因為還未體認網路對政權維穩的威脅）。「後八九一代」則經歷嚴峻的網路監控，他們必須或被迫要能夠熟悉使用安全的通訊平臺。前者沒有安全通訊的能力，兩個世代遑論連結甚至傳承？

臺灣的八年級生在高度言論自由的環境下，淬煉出純熟的網路社交技巧，大概很難感同身受，訊息傳遞這樣一件簡單不過的事情，在中國是如何值得珍惜。思樂將中共對於網路的監控放在中共政權穩定的宏觀架構下分析：「二〇〇九年與二〇一〇年是中國開放的巔峰時代，當時北京奧運剛結束，中共某種程度上需要回應對世界開放及人權等普世價值的承諾，換取西方接受中國的『和平崛起』，當時胡溫體制還不夠狠，還掌不了權。」

既然話都說到這上頭了，那她如何看待習近平的修憲呢？我問思樂，心裡其實憂心她說得太直、太嗆、太辣。

「修憲其實是沒有信心的表現」，她接續說，鄧小平在中國的地位崇高，藉由確立了十年任期來樹立明君形象，而習近平身為「紅二代」，與胡溫身為「素人」是不同的，他收拾黨內，放出的訊息是「你們都不用想了，我連老鄧的規矩都要破」。這消息一出，微信上許多人貼了兩個笑臉符號做為評論，這在中國的網路語境意指「笑而不語」。沒多久，微信公眾號的評論功能就被取消了。

談到李明哲案，思樂認為他是中國政府給蔡英文政府的一個犧牲 drama，畢竟他的言行舉止和許多人相較，並不是最激進的。令我驚訝地是，思樂直言臺灣政府在拯救李明哲案上做得不夠，儘管她也坦言不確定臺灣政府在這個案子上能做什麼。

（可是思樂，有些話我不好說啊！有些事情能做更不能講！身為臺灣的外交人員，我太清楚政府在營救李明哲案上的努力，若說是窮洪荒之力也不為過。兩岸的互動良窳，一半取決於中國的態度，雙方都得負起責任。面對已讀不回的中國政府，我們能做的或許有限，但我們的努力不容抹煞！）

我以《經濟學人》近期的封面文章問思樂，長久以來西方政學界對於與中國交往分成兩派，交往派（engagement）過去明顯占優勢，西方認為中國的改革開放終將有助未來的民主化，但習近平的修憲證明中國並未走向民主化。思樂直率地說：「西方完全搞錯中國了，現在的中國已經是一頭怪獸了！」

我們也談到了愛情與她的婚姻。思樂說，單身在中國的社運界是很慘的，只有直系親屬才能幫忙聘請律師或存錢。通常這種時候，也只有配偶才能幫你做這些事情。這樣的愛情浪漫嗎？她說，愛情不是個東西，也不是一個神話，它是一個混合物。如果今天對方能讓你信任到願意把律師委託信函交付給他處理，這比說「I do」還浪漫。

整段專訪最令我難忘的部分，是思樂談到了她對臺灣政治工作者的憂慮——這是很「不小確幸」的時代，需要一個大時代的力氣與決心，臺灣在經歷這麼多年的安逸之後，對於中國，到底有沒有決心？她也認為臺灣社會其實沒什麼紛擾，公民社會太弱。

訪問最後，我請思樂給蔡英文總統一句話。她說，希望臺灣政府能更友善地對待中國的公民社會及社運工作者。

至於給習近平的一句話呢？思樂搖頭：「我沒有話想跟他說。」

兩個多小時的專訪，思樂展現了一股勇者無懼的霸氣。做為中國的運動分子，她將臺灣在當前的國際政治環境下想要對抗中國的那種權力不對等，與自身的運動經驗相類比，她希望臺灣人和想爭取公民社會的中國運動分子一樣，持續抓住任何的機會與可能，去對抗那股巨大。她的語氣帶有焦慮，或是同袍的情義之愛，一種想併肩作戰的焦急，無涉國族。

然而，兩岸的視角差異，仍然具體而微地顯現了出來。例如思樂希望蔡總統給予中國運動分子更大的善意，包括申辦來臺時的便利。但對於臺灣而言，這必得放在整體的國安考量中審酌。我在訪談中也以政大共諜案來回應思樂，對於臺灣政府來說，國家安全不容文人雅士的浪漫，沒有輕忽犯錯的空間。

又例如她對於臺灣公民社會太弱、社會沒有太大紛擾的觀察，這點顯然與多數臺灣人民的體認有巨大差異。我嘗試思考這差異的來源，也許對於思樂而言，臺灣仍是或多或少帶有異國情域的風土，臺灣的歷史及處境，也許還得費上她好些時日才能同理。

這是趙思樂，以及她的飯醉青春。在中國的社會運動圈中，她被澆養了充足的政治養分也熟成地早，未來她將如何走出她口中「後八九一代」的運動之路，我以臺灣青年外交官的身分給予祝福，更希望思樂能在這條荊棘的路上，時時提醒放入對臺灣的深刻理解。

第三部

那些年，體育外交教我的事

棒球外交：道奇隊與臺灣黑熊隊

棒球是臺灣的國球，因為歷史、政治及國際現實等因素，棒球在臺灣的發展始終帶有濃濃的政治味，或說愛國主義的色彩。我小時候也經歷過半夜爬起來看三級棒球國際賽事的盛況，中華健兒或中華小將的英姿，在我們腦海中留下深刻印象。這些有趣的歷史，已經有太多筆墨曾經詳加論述，輪不到我在這班門弄斧。

二〇一一年七月，我外放至駐洛杉磯辦事處服務。說實話，派駐洛杉磯最吸引我的就是棒球。隸屬於國家聯盟的洛杉磯道奇隊（Los Angeles Dodgers）在臺灣名氣響亮，最早來臺灣進行職棒交流的美國職棒隊伍就是道奇隊，傳奇教頭 Tommy Lasorda 對臺灣留下深刻印象，更別說曾經在美國職棒闖出名號的陳金鋒、郭泓志和胡金龍都出身道奇隊。想到加州的陽光、高高的棕櫚樹以及歷史悠久、盤踞半山腰的道奇棒球場，棒球迷如我瞬間熱血沸騰。

洛杉磯其實不只一支職棒隊伍，另一支隊伍是美國聯盟的洛杉磯天使隊（Los Angeles Angels），當前讓全美棒球迷為之瘋狂的日職好手二刀流大谷翔平就效力於天使隊。道奇隊和天使隊的球場都離五號公路很近，因此兩支球隊的交手被稱為「公路大戰」（Freeway Series），球迷們開車沿著五號公路就能抵達對方的球場。若問我比較喜歡哪一支球隊？當然是道奇隊，除了因為道奇隊和臺灣的深厚友誼，道奇球場的氣勢更令人難以忘懷。

談起道奇隊和臺灣的友誼，得從我到洛杉磯第一年開始談起。

二〇一一年七月剛赴任時，我接手的第一個專案是負責當時的第一夫人周美青將於九月在洛杉磯道奇隊開球。當時駐洛杉磯辦事處觀光組（也就是交通部觀光局的派駐同仁）與道奇隊簽有合作案，當中包括舉辦「臺灣日」（Taiwan Day），而周美青就是要在這一天開球。

這個專案之所以讓我印象深刻，除了因為本身是棒球迷，還因為它對於剛抵達洛杉磯、還是菜鳥的我來說，難度頗高。好在我們很幸運，當時在道奇隊有個非常重要的人脈：Vincent Liao。

臺灣棒球圈大概很少人不認識Vincent。他是個資深體育迷、狂熱棒球迷，曾經擔任郭泓志與陳金鋒的翻譯、中華職棒興農牛隊的副領隊，當時他是道奇隊亞洲事務部經理。

我因為這案子與Vincent結緣，經過和他的無數次溝通與開會之後，藉著他穿針引線，周美青終於順利在道奇隊二〇一一年最後一場季賽，伴著南加州的美麗夕陽，在道奇球場開出漂亮的一球。

開球前一天我問Vincent：「欸，誰要當周美青的捕手啊？」Vincent笑而不答。我的棒球直覺大喊：「是小郭！」

果然，隔天，捕手接到周美青的開球，走上投手丘，捕手面罩一摘，正是郭泓志。周美青當場笑得開懷。

這個專案是我心中的美好回憶，我記得很清楚，身為兄弟象迷的周美青女士在球賽中展現出對棒球的熱情。我們當時坐在樓上包廂，包廂分成露臺觀賞區與房間內的沙發區。相較於全場坐在沙發區享受美食、卻對房間電視現場即時轉播沒興趣的官員，周美青全程坐在露臺上，目不轉睛地盯著球賽戰況且不時歡呼，讓人感受到她對棒球出於內心的熱愛。

因為Vincent，我在洛杉磯那四年看了無數次道奇隊球賽。

美國職棒和中華職棒不同，門票票價因區域而不同。上面提到的包廂，一場球賽大概要五千美元，也就是說看一場比賽要十五萬新臺幣，票價不貲，所以這類包廂通常是企業年度包場，當作回饋客戶的方式。內野區的票價則因樓層與區域不同，從幾百塊到十塊美元都有。球場內嚴禁外帶飲食（小小孩的水、牛奶或副食品例外），因為球場內飲食攤販的進駐收取高額權利金，相對地球迷也必須花不少錢在購買食物上。例如有名的「道奇熱狗」（Dodger Dog）大概就要十美元，配上一、兩杯啤酒與冰淇淋等，一個人看一場球賽的飲食費動輒將近五十美元。

加州地形狹長，共有五支球隊，除了洛杉磯道奇隊與洛杉磯天使隊，尚有聖地牙哥教士隊、舊金山巨人隊與奧克蘭運動家隊，五座球場各有特色。例如聖地牙哥風景優美，港灣停有航空母艦，教士隊球場坐落市區，緊鄰著名餐廳酒吧的瓦斯燈區（Gaslamp District），球賽結束可以小酌一番；舊金山巨人隊球場歷史悠久，老球迷們大概都記得 Barry Bonds 上場打擊時，右外野觀眾席後方的海上遊艇準備接全壘打球的畫面；奧克蘭運動家隊球場在大聯盟裡算是較為老舊，而且還和美式足球共用球場，但因為著名小說及電影《魔球》（*Money ball*），許多球迷（包括我）都會去朝聖一番，感受小市場球隊如何突圍。

加州五座球場達成小滿貫後，我開始往下一個目標「西岸小滿貫」前進。在美國那幾年，每逢假期出遊，我常常都以「目的城市恰為某職棒球隊主場且造訪期間剛好有比賽」來規劃，例如去科羅拉多州的丹佛市（Denver），我就安排一場洛磯隊（Colorado Rockies）的比賽。收集職棒隊球場成了我的樂趣與小確幸。

在美國觀賞這麼多場球賽後，當然知道棒球是美國的國球。但這裡的國球，正確翻譯是 national pastime，也就是全國休閒。換言之，相較於棒球在臺灣背負民族使命，無論是三級棒球或成棒，只要遇到韓國或日本就非贏不可那樣的熱情，棒球在美國比較接近是親朋好友一起觀賞的娛樂，或是家人增進親子關係的媒介。爸爸帶著小孩一起觀賞一場棒球賽，在美國是一種「情感教育」（sentimental education），我常常在球場上看到這類畫面，好不溫馨。

在美國雖然看了不少球賽，但說實話沒什麼機會打球，除了曾經在國慶日時籌組經文處隊參加由當地留學生舉辦的國慶盃慢速壘球賽，再來只剩下假日和 Vincent 丟丟球，過過乾癮。

想不到，派駐帛琉以後，棒球再度成為我駐外生活的重心，真是始料未及。

帛琉法律明定，棒球是國家運動（national sport）。當地雖然物質條件不比臺灣，但許多人的棒球天分極佳。由於多年前曾被日本殖民，日本人也把棒球文化帶來了帛琉，這點和臺灣類似。全帛琉只有一座棒球場，名稱就叫做「朝日棒球場」（Asahi Baseball Field），為多年前日本政府捐建，另外還有一座壘球場。

我派駐帛琉時，觀察到當地人熱衷棒、壘球，而且不分男女，時常舉辦比賽不說，棒、壘球也是當地人下班後的重要休閒娛樂。因此，我向曾厚仁大使建議，帛琉的臺灣僑胞人數雖然不多，但不少是從事導遊行業的年輕臺灣人，也許對壘球有興趣，如果籌組臺灣人壘球隊，假日以球會友，也是美事一樁。這個主意獲得曾大使支持，「臺灣黑熊壘球隊」正式成軍！

由於我在臺南一中與臺大都加入了棒球校隊，相較其他球員，算是接受過較正規的棒球訓練，又因這支球隊為大使館發起，因此我很榮幸地擔任隊長，也展開了「臺灣黑熊壘球隊」在帛琉全國征戰的故事。

帛琉由於棒球風氣興盛，週末時大大小小的比賽很多，一開始我們先和一些政府機關的球隊進行友誼賽，例如帛琉國會隊或財政部隊，然後就開始報名當地的比賽。

臺灣黑熊隊在盛況時，球員們為了爭取先發，全拚了老命力求表現，不少隊友們為了爭取勝利，甚至因而掛彩。場上比賽激烈，場下更熱鬧，不少球員都攜家帶眷，甚至自製加油棒之類的道具到場邊觀戰加油，有些人甚至把中華職棒常見的加油口號也帶了進來，例如「便當便當（臺語）揮棒落空」、「水果滷味 double play」等，非常有趣。而臺灣黑熊隊史上，首支（似乎也是唯一一支）在正式比賽中擊出的全壘打，就是我在 Waka Waka 杯壘球賽打出去的！

臺灣黑熊隊當時是帛琉唯一一支外國球隊，也引起了帛琉人的好奇。我們雖然輸多贏少，但藉著每一場球賽，和帛琉人的草根連結也更加緊密，可說是名副其實的「以球會友」或「棒（壘）球外交」。我們常練球和比賽的壘球場隔壁就是帛琉財政部長的家，他每次經過都會和我們閒聊兩句。看到我們球隊的熱情及友善，也加深了他對臺灣的友誼。

對我而言，在帛琉打棒壘球的高峰，就是將帛琉全國冠軍棒球隊伍帶到臺灣比賽。

二〇一六年，帛琉葛薩州（Ngchesar State）州長 Duane Hideo 向大使館表示，希望能帶領葛薩州棒球隊到臺灣進行友誼賽，進行棒球及原住民文化的交流。由於帛琉從未有棒球隊到臺灣比賽的經驗，而且該州棒球隊前年剛拿下全國冠軍，大使館呈報外交部獲得同意後，著手開始規劃。

要帶領二十五人的球隊到臺灣比賽並不容易，這次交流原則上是帛琉政府自費，但我們也努力找了一些贊助。最讓我開心的是，因為我在帛琉打棒球打出了名聲，

Hideo 州長邀請我擔任隨隊領隊，幫忙照料及翻譯。獲得外交部同意以後，我就帶著他們往臺灣出發了！

這支球隊總共在臺灣待了一星期，進行了兩場比賽，對手分別是臺東綺麗珊瑚隊及桃園航空城隊。平心而論，帛琉的棒球實力約莫介於臺灣的乙組至甲組之間，綺麗珊瑚隊和航空城隊中卻是國手如雲，都拿過全國冠軍，因此雙方實力自然有些差距。讓我感動的是，我穿著帛琉球衣下場比賽，吃了兩張老K！比賽期間，我還擔任大會的英文司儀及球賽的英文轉播，是非常有趣的經驗。

這兩場比賽都是友誼賽，白天比賽結束後，晚上雙方球員開心喝酒、吃飯，達到了友誼交流的目的。特別值得一提的是，帛琉屬於南島民族，與臺灣的原住民共享同一個根源，而臺灣的許多棒球選手是原住民出身，此行除了棒球交流，更重要的是臺灣及帛琉的原住民文化交流，雙方互稱兄弟姊妹，甚是溫馨。

帛琉棒球隊到臺灣比賽可說是史無前例，我能夠參與其中推動棒球外交，覺得很榮幸也很開心。這是我一輩子的回憶，永遠不會忘記。

這些體育選手教我的事

體育外交是駐外人員的重要業務之一，我熱愛各種運動，頂著棒球校隊的陽光形象，長官也樂於將各種與體育相關的業務交辦給我。

派駐洛杉磯辦事處時，陽光充足的南加州是各項國際體育賽事的大本營，眾所皆知的有小馬聯盟野馬級少棒錦標賽、LPGA女子高爾夫球賽事（包括裙擺搖搖LPGA錦標賽）、印地安泉網球公開賽等，我經常樂此不疲地趕赴各項賽事現場。

平心而論，辦理這些業務時，還真不覺得自己是在工作，反而因為樂在其中，結交了許多好朋友。

「通靈少女」劉柏君

與柏君（索非亞）相識約莫是二〇一四年間，那時我在駐洛杉磯辦事處服務，她是中華少棒隊的翻譯。中華隊來南加州比賽，負責體育業務的我在中華隊抵達之前就開始和柏君聯絡。我們的緣分，就從那時候開始。

一開始我不知道柏君的豐功偉業（當然，經過這幾年，她的事蹟又增加了好幾頁）。出於單純對棒球的熱愛，我們兩個人共事得非常愉快。那次比賽之餘，我透過朋友安排小球員們參訪洛杉磯道奇隊球場。中華小將們踏進道奇球場興奮極了（棒球迷如我完全可以想像，自己第一次造訪道奇球場時也是開心不已），最後還在球場內買了一堆道奇隊球帽等官方紀念品。

離開洛杉磯前，柏君才慢慢告訴我她的人生故事。

她是首位獲得中華民國棒球協會認證的女性棒球裁判，也是首位在臺灣全國性棒球賽事執法的女性主審。

她在宮廟長大，青少年時期每天在廟裡擔任仙姑供人問事。後來，「通靈少女」的故事全臺爆紅，被HBO拍成影集，而那是近期的事了。

她是回教徒，會說阿拉伯文，政大宗教研究所碩士，目前計畫繼續攻讀博士班。

她是臺北先鋒女子棒球隊成員，也曾經是臺北市松山高中青棒隊總教練。

她右投左打，守備位置為二壘。

她是超級棒球迷。

我喜歡和柏君聊棒球。她的多重身分很容易得到媒體關注的目光，特別是HBO影集《通靈少女》全臺火紅之後，許多人都對她充滿好奇，採訪或電視節目通告不斷。我最佩服柏君的地方是她沒有選擇朝通告藝人或電視節目主持人的方向發展，而是投身公益。柏君目前的正職是勵馨基金會新北市分事務所及物資中心社工。

和柏君聊起擔任中華隊翻譯的過往，最令她感慨的是，中華民國棒球協會（即「棒協」）在中華小將們出國比賽時的官僚態度。這一點特別引起我的共鳴，因為派駐洛杉磯時，我的工作之一就是協助中華少棒隊到美國參加小馬聯盟比賽。

「為什麼不能讓中華隊提前一、兩天到國外適應時差、天氣和場地？」柏君講起這段往事仍然義憤填膺。對棒協的失望，也是她後來決定離開，不再擔任中華隊翻譯的主因之一。

我腦子裡的畫面無比清晰。當年在洛杉磯，小球員們看起來精神不濟，甚至睡眼惺忪，剛下飛機就直奔球場，再加上日間和夜間比賽的調適、飲食的不習慣、語言的陌生等可能影響比賽的因素。我當時也曾有類似的疑問，為什麼不讓他們提早兩天來美國熟悉一下環境呢？

「規定啊！旅館及餐費的支出，這些都有規定。」這是最常得到的答案。

從臺灣搭飛機到美國，馬上面臨十二個小時的時差。棒球比賽是講究速度的運動，零點一秒的差異就決定了是揮棒落空還是全壘打，一個眨眼，球已經飛到身後。讓這些十來歲的孩子們，或說「中華健兒」，拖著疲憊身軀為國爭光，到底是勉勵、是強求，還是為難？

規定不能改嗎？當然可以改。憲法都可以修憲了，棒協規定怎麼會不能改？事在人為，簡單四個字，一語道破官僚體系的冷感，或是無感。

講到「為國爭光」，柏君更是難掩激動。

有一次中華隊輸掉準決賽，沒能打進決賽，剛好多出來一天，在當地熱心僑胞的幫忙下，安排小球員們去加州有名的迪士尼樂園一日遊（當然，昂貴的門票是想辦法找贊助，不是用公款）。事實上，前一晚輸掉球賽讓小球員們非常難過，去一趟迪士尼，感受南加州溫暖的陽光，總算讓他們臉上出現了一點笑容。

此時，棒協有意見了。

「說中華隊球員為了有時間去迪士尼玩，才故意輸掉準決賽？這種說法太無情，也太惡毒。」柏君難過的口氣中充滿了對球員們的不捨，痛心於「陰謀論」的謠言無情地打擊這些小球員的心靈。

另一件讓柏君感到無力的工作則是宣讀賀電。身為中華隊翻譯，她的工作之一是當中華隊勇奪冠軍時，宣讀總統、行政院長或駐美代表等官員的賀電。

柏君說，政府或棒協真的有好好給這些球員無後顧之憂的協助嗎？連提早一天抵達美國調時差都不願意，打得好說是為國爭光，打輸了還要背負是不是故意輸掉球賽的懷疑。宣讀賀電時，教練與球員們聽了，真的有感嗎？還是只有心頭的嘆息？

「世界球后」曾雅妮

二〇一一年到二〇一五年我在洛杉磯服務時，正是世界高爾夫球后曾雅妮的巔峰時期，從二〇一一年二月到二〇一三年三月，盤據世界球后寶座達一百零九週的雅妮幾乎所向無敵。那幾年，每一場巡迴賽的週日，全美各個駐館負責體育業務的同仁都是提早把賀電放在手邊，準備第一時間向雅妮致賀，親切的她也總是和善回應。

美國女子職業高爾夫協會（Ladies Professional Golf Association，LPGA）比賽多數在美國舉行，其中加州也有重要賽事，例如三月分位於洛杉磯及聖地牙哥之間Carlsbad的「起亞經典杯」（KIA Classic）、三月分位於Rancho Mirage沙漠境內的「全日空錦標賽」（ANA Inspiration）、位於北加州的「裙擺搖搖錦標賽」（Swing Skirts Tournament，該賽事現改在臺灣舉行）等。

LPGA比賽都是週四到週日，每天一輪賽事，總共四輪。比賽前一天的週三則是所謂的ProAm，也就是職業選手（professional）與業餘球員（amateur）的混合友誼賽，ProAm的目的除了讓職業選手熟悉場地，另一個附加價值就是公關，因為一組四人，扣掉職業選手一位，可以搭配三位金主或貴賓，讓他們有機會和職業球員同場較勁。

雅妮是一位很有親和力且完全沒架子的球員，我因工作關係有機會與她接觸，她對於我們的工作屬性很了解，基本上都非常願意配合，只不過我也會擔心影響到她的出賽。

對我而言，最困難的部分就是代表政府轉致賀電。雅妮拿到冠軍的當下通常很忙，要接受許多媒體採訪，而我多半沒有證件能進入管制區。雖然好心的雅妮總是盡量配合我們，但有時候我真的很怕為了賀電影響到她身為職業選手的工作。

我在洛杉磯服務的後半段時間，雅妮的成績起起伏伏，不但跌出球后寶座，有些比賽甚至因為手感不佳，前兩輪結束後就慘遭淘汰。我很佩服雅妮，因為她總是笑臉迎人，即便狀況不佳，也不願讓支持她的球迷們感到壓力。身為辦事處祕書，我感到有點自責，是否因為我們的賀電業務干擾了她，導致影響她的比賽成績。

（本書寫作時，雅妮的成績仍然尚未恢復到全盛時期的水準。但老虎伍茲能夠歷經超過十年的低潮，並於相隔十四年後再度於名人賽封王，我相信雅妮有天也能夠東山再起。請大家一起幫雅妮加油！）

女網好手謝淑薇

很多人或許不知道，美國職業網球比賽的門票十分昂貴，而且預賽、複賽、準決賽到決賽的票價不同，決賽的票價往往要好幾百美元，甚至更貴。即便如此，決賽門票仍然一票難求，要即早訂票，以免向隅。

身為有任務在身的駐外人員，問題來了。

沒買票，人進不去，就沒辦法和球員互動或送賀電。若決賽當天才到現場，肯定買不到票。有人或許好奇：那一個月前先買票不就好了?!但球是圓的，你怎麼知道臺灣選手能夠一路過關斬將打到決賽？萬一事先買了一張五百美元的決賽門票，結果選手在複賽被淘汰，就沒有送賀電的任務需要，門票的核銷怎麼辦？在這種情形之下，外交部（其實公務機關皆然）主計處是沒有辦法核銷的。

有一次女子網球好手謝淑薇來南加州參加比賽，我風塵僕僕地開大老遠的車去幫她加油——說是加油，其實還有一個目的，就是「送賀電」——但果不其然，門票早已售罄。此時，謝淑薇即將開始比賽，情急之下，我在停車場附近等其他準備離場的球迷，並解釋我的身分與目的。有位好心人決定將他的票送給我，我和他握手致謝。

沒想到，警衛跑來了，說「看到我們在握手，一定是在買黃牛票」。我一聽傻眼，想說該不會惹了麻煩。好在經過詳細解釋與出示證件後，警衛總算相信我的說法，最後讓我順利進場。

比賽結果，淑薇拿下冠軍，我趕忙於賽後找機會向她恭賀。她笑笑地說：「我沒拿冠軍你們就不會來看我了喔？」我當下有點尷尬，事後想想，其實也能理解她的想法。

親切的淑薇是我很喜歡的網球選手，她的球風靈活多變，本人也非常客氣和善。我相信她說上面那句話並沒有惡意，毋寧較像是一個自嘲嘲人的玩笑。但那句話在我心中留下深深的烙記，也讓我深深反省，政府高層的賀電文化到底是支持體育，還是

支持體育冠軍？

棘手的賀電文化

無論是柏君、雅妮或淑薇的故事裡，都提到了賀電。

賀電文化到底需不需要重新檢討呢？賀電，對於選手及教練而言，意義在哪裡？政府的賀電會不會只是錦上添花？雪中送炭是否更有意義？沒有得獎的選手難道就不值得肯定嗎？獲獎選手在努力的過程中獲得了政府哪些協助？抑或都是靠選手自己努力？這些問題都很值得我們深思！

對於職業選手來說，政府的賀電，除了錦上添花，還代表什麼？選手狀況不佳或低潮時，甚至出國比賽經費拮据時，政府又能幫上什麼忙？

身為外交人員，我並不是要批評賀電文化。體育選手的優秀表現，政府給予致賀，未嘗不可？但選手身為受賀方，當然可以選擇要不要重視或珍惜這個賀電，這是每個選手的自由認知與決定，外人無從批評。

我認為包括外交部在內，政府機關在面對這些傑出的體育選手時，不妨摒除公務員心態，轉以「體育迷」的心態來思考，也許能有不同的思維。

例如，如果駐外人員不懂體育或對體育沒興趣，當他們拿著冷冰冰的賀電給選手時，選手大概也感受不到喜悅，甚至覺得駐外人員硬要送賀電的行為是種干擾。但是，假如駐外人員是以球迷的心態辦理這些相關的體育業務，過程中，自然就能降低對選手無謂干擾的顧慮，與選手之間也能因為雙方有共同的運動語言，而讓他們感受到真正的溫暖。

換句話說，「狂熱體育迷」的心態，與「提倡體育的政府官員」心態，兩者是截然不同的。

而公務員，當然也可以是死忠的體育迷！

說到這，不得不提一下前美國總統，同時被公認為最會噴垃圾話的歐巴馬（Barack Obama）。

眾所周知，歐巴馬從政之路始於芝加哥。事實上，當選美國總統之前，歐巴馬是伊利諾州的聯邦參議員，因此他毫不避諱地表露對於芝加哥球隊的偏愛。美國總統接見當年運動冠軍隊的習俗始於一八六五年，熱愛籃球的歐巴馬當然不會放過這個機會。號稱「籃球總統」的他，八年總統任期內總共接見了八次NBA冠軍隊伍。

這其實一點也不稀奇。但為人津津樂道的是，歐巴馬接見NBA冠軍隊伍時，總會拿出他最愛的芝加哥公牛隊來當面對嗆這群站在他身後的明星球員，當然不是毫無意義的對嗆，歐巴馬身為資深體育球迷，是引經據典、拿出數字地冷嘲熱諷，言下之意不外乎「ㄟ，其實你們也沒多強啊！別太臭屁！」、「你們和麥可．喬丹那時候的公牛比還差得遠了！」

舉個實例，二〇一五年歐巴馬接見金州勇士隊，明明要表揚總教練Steve Kerr，他硬要加上一句：「出身於芝加哥公牛隊的Steve Kerr。」二〇一六年接見克里夫蘭騎士隊，他特別感謝騎士隊擊敗勇士隊拿下冠軍，因為那確立了一九九六年的公牛隊才是史上最偉大的球隊（註：一九九六年公牛隊全年拿下七十二勝並奪下總冠軍；而二〇一六年勇士隊創下了打破公牛王朝紀錄的七十三勝，卻在總冠軍戰輸給了騎士隊）。

這樣冷嘲熱諷、這樣對嗆，夠不禮貌了吧？但，球迷愛聽，連被他嗆的冠軍球員也聽得笑哈哈。到後來，每年歐巴馬會在這些場合上如何妙語如珠地搬出芝加哥公牛隊，變成了媒體引頸期盼的事。

為什麼會這樣？因為歐巴馬展現了身為死忠球迷的熱忱。正是出於內心、不加修飾的球迷心，他當然可以理直氣壯，甚至偏心袒護。因為是球迷，所以聽的人都能理解，也願意理解。在那當下，歐巴馬不是美國總統，而是一個死忠的、資深的、用功的芝加哥球迷。

歐巴馬也許是美國近年最擅長政治展演的總統，但他對於體育的熱情以及身為球迷的死忠，是表演不來的！他對體育賽事的熱情，以及身為一個資深球迷長期對各種賽事紀錄的趣味追逐，於白宮接見各個職業隊伍時，原汁原味地自然流露了出來，無需政治正確。

若以國內為例，小英總統二〇一七年接見了中華職棒冠軍隊伍桃猿Lamigo隊，這是我們的總統第一次接見中華隊以外的職業體育球隊，某個程度上，也許可以很文青地說，我們慢慢淡化了棒球做為國族主義象徵的沉重。我特別觀察了她接見時說的話，不難看出總統府幕僚很努力地想打造出小英總統是球迷的形象，包括她細數球員家珍、稱洪一中總教練為「諸葛紅中」、特別提到陳禹勳的故事等，小英總統還特別強調，「這是政府及國家對職業棒球運動的高度重視」。那是一篇用心撰擬的文稿，但感覺稿子似乎少了什麼。

是的，少了身為一個死忠球迷應該會有的淘氣揶揄，少了那種我就是挺××隊的義無反顧，少了一種資深球迷藏不住的激動熱情。

舉這些例子，主要是希望點出，駐外人員辦理體育業務時，千萬不要以公務員心態或是處理長官交辦事項的心態去面對；相反地，應該試著讓自己成為一個體育迷，如此才能樂在其中，並看到問題的癥結。

第四部

派駐帛琉的日子

在帛琉，你不孤單

二〇一五年到二〇一七年，我以二等祕書的身分派駐帛琉大使館。出發之前，我對於這個國家的認識粗淺有限。只知道帛琉是我們的友邦，是個很漂亮的太平洋島國，人口不多，物質生活很單純。

依稀就是一些模糊的認知。

從來沒有想過，帛琉的故事會那樣動人，島上居民率真、質樸，用心交陪。這個島國有著獨特的魅力。沒造訪過，臉上拂不著太平洋的風，感受不到海洋的自信，也接觸不到南島民族的樂天之愛。

島上的愛恨情仇、家族政治、生老病死、愛欲糾葛，在小小的島被放至無限大，又在廣大無垠的藍色海洋被瞬間稀釋，隨著海豚吐出的水柱，一剎那間回到自己的家。

這樣的魔力，直至今天回想起來還胸口澎湃，不知如何寫起。「Jerry, we are in the Pacific.」一位帛琉的友人曾經這樣告訴我。

而這句簡單的話，我嘗試用全身的力氣去感受。用盡氣力，才發現其實不需用力。因為海的運行，自有吐納，怎會需要用力呢？

在帛琉的日子，我常想起國片《等待飛魚》（二〇〇五年），那是一部由王宏恩和 Linda 主演關於蘭嶼的電影，其中一句暖人心頭的對白：「當大哥大收不到訊號，愛情才要開始。」

你能想像，在這美麗的海島國家，當烏雲密布或傾盆大雨時，全國就會瞬間失去網路訊號嗎？

因為還沒有海底電纜（二〇一七年七月我調離帛琉之前還是如此），網路訊號仰賴鄰國的衛星訊號，於是乎，烏雲的屏蔽及宣洩的大雨，常常在一分鐘之內讓帛琉從全世界密密麻麻的通訊地圖中瞬間失聯。當你在辦公室萬分焦急，突然間網路訊號悄悄歸位，原來，方才那朵烏雲已經飄走，接近赤道的陽光重新射下。

對於網路重症患者如我，剛抵達帛琉時萬分不能適應。失聯的焦慮、無法打卡的焦慮、找尋資訊的焦慮，總之萬種焦慮在心頭。時間一久，慢慢適應島國的悠緩步調，也開始感受及理解那種緩慢自在的怡然。

有次陪著國內訪賓會晤帛琉總統雷蒙傑索（Tommy E. Remengesau, Jr.）時，他帶著感嘆地苦笑：「奇怪，現在的小孩出了海，怎麼腦子裡還想著上臉書？」是啊！為什麼呢？帛琉人看潮汐、看星星、看浪頭，也看烏雲。對於大自然，最好的崇拜就是深情注視。倘若一直低頭滑手機，怎能捕捉大自然捎來的訊息呢？

當然，網路已經是全球沛然莫之能禦的能量，即便在這北緯七度到九度的太平洋島國，帛琉人也極度渴望藉由網路與外界連結。但常常有了網路，和全世界連上了，卻失聯了眼前。

有一天，我在海邊的壘球場練球，住在球場旁邊的當地友人（就是帛琉財政部長）告訴我：「Jerry，快下雨了喔！」我當下想拿起手機查天氣，部長卻很狐疑地看著我，說：「不用查啦！你看那朵雲就知道了！」我半信半疑，望著那朵雲從很遠的天邊緩緩飄來，不消一刻鐘，雨水落下。

帛琉人與海洋緊密連結，和大海有著深厚的感情。他們依賴大海，崇敬大海，愛戀大海。他們知道大海迷人，但也知道它的無情。對於大海，他們沒有爛漫的天真，只有虔心地守護與被守護。

帛琉的孩子從小被丟進海中學習游泳。沒有昂貴的名牌泳衣或器具，但彷彿血液和基因帶著海水的鹹，帛琉人在海裡總能輕鬆載浮載沉。他們看起來不是在游泳，比較像是在海裡生活，如此自在。他們看著平靜的海，告訴你，要小心喔！那底下有一股暗流，別冒險。對於海，誠心虔心地愛著，宛若朝向法相莊嚴的神祇，祂神聖望下，人謙卑而沐。

對於大海的崇敬，也反映在帛琉人對於氣候變遷、全球暖化及海洋保育的重視。

駐帛琉大使館服務時，我有幸負責聯合國氣候變遷綱要公約相關業務，深刻感受到帛琉人對於全球暖化及海平面上升的焦慮。

雷總統公開說：「我知道有人質疑氣候變遷，但我要說，氣候變遷在我家後院日夜發生著，我目睹海平面日漸上升。」

帛琉，就和許多太平洋島國一樣有著共同的焦慮。海平面上升，代表著領土面積變小。吐瓦魯、吉里巴斯等島國，無一不面臨著類似的問題。全球暖化也影響海水組成，帛琉最知名的景點「水母湖」（Jellyfish Lake）近兩年因為氣候暖化，水母絕跡，為當地觀光業帶來了劇烈衝擊。

每一年，包括帛琉在內，這些在氣候變遷最前線的島國領袖總是在國際會議中大聲疾呼，呼籲全世界的碳排放大國捲起袖子，做出改變。無奈的是，國際政治的現實，常常叫人嘆息。

臺灣應該在氣候變遷扮演什麼角色？我們在海洋保育上又該肩負何種責任？

帛琉全國百分之九十以上的ＧＤＰ仰賴觀光業，而今日，超過半數的國際觀光客來自中國。中國遊客在全世界氾濫成災，太平洋島國也不例外。帛琉人對中國觀光客又愛又恨，情感兩歧。

當地報紙不時出現中國遊客破壞海洋資源及不尊重保育類海洋生物的新聞，例如浮潛的中國遊客踩在保育類珊瑚上、中國釣客違反法令拉起海龜等。提起中國遊客，當地居民搖頭嘆息，義憤填膺。雷總統二〇一五年曾公開表示，為了保護帛琉，他下令中國航班減半。

但不可否認的是，龐大的中國觀光客是個難以抵擋的商業誘惑。公開謾罵不齒的雖然大有人在，暗自張開雙臂歡迎的人也不在少數。沒有絕對的對錯，畢竟，誰不用養家活口？

身為駐帛琉大使館的外交人員，心裡常常拿著一把尺，暫時、假性地拋開自己的工作，試圖中立、中性地觀察發生在這座小島上的無解難題，比如經濟與政治之間的拉扯，個人與國家的角色衝突。每個人都有無奈，人生常常扛著難題，那可能是家族的、健康的、歷史的、尷尬的、金錢的。動輒以邦交之義解讀套用，只能換來表面的點頭致意。以同理心公平地柔情衡量，有時候才能理解帛琉兄弟姊妹們的人生。那與你我一樣，複雜艱難的人生。

Sharing is caring.（分享就是照顧。）

這是帛琉人常掛在嘴邊的一句話。初來乍到時，我不太理解這句話的涵義。或者說，我懂這句話表面的意思，中文也常聽到類似的話。But it is not what it sounds like.

你無法理解位於太平洋的小小島國，物資的缺乏對生活所造成的影響。因為稀缺、因為運補不易，所以當你擁有時，習慣並勇於分享給所愛的人。

這一萬多人的國家就像一個大家庭，無論有無血緣關係。當你幸運地富足，你願意分享。當你處於人生的艱難時刻，旁人遞出珍貴的所有。分享，出於內心。

望著廣大無垠的太平洋，帛琉人深刻理解唯有彼此照顧，家族才能生存，血脈得以延續。那是一種不求回報的照顧，不帶條件的愛（Unconditional love.）。

而生存，又談何容易？帛琉人用愛度量生命真諦，盈滿心的能量。當生命來臨，雙臂擁入懷裡全心守護。有天，緣盡情逝，生命隨著浪花留下最後一抹白，雖然仍有哀傷的淚，卻也堅強。

帛琉群島西南側是 Hatohobei 和 Sonsorol 兩個遙遠的州。從這兩個小島，搭乘交通船到帛琉本島科羅，通常是一週的船期。在船上望著海，內心得學著抵抗孤單及恐懼，與世隔絕然後與自己對話其實很難，況且要在船身搖晃的情況下平衡自己逐漸脆弱的身心。

抵達西南群島，瞬間理解對他們而言，科羅島是遙遠的市區，堪比屏東到臺北搭車北上七個小時那樣，畢竟要見證繁華，可得花上一星期的船程呢！島上景色原始瑰麗，卻見少數小孩有著因島上人口有限而難以避免的近親基因缺陷。家庭、社會的發展能否達到期待，有時很大程度著實受限於先天的、難以撼動的結構性因素。

母系社會的帛琉相當重視婚喪喜慶，這和臺灣社會一樣，但「婚」卻不是婚禮，而是小孩的滿月 party。情投意合的愛侶有了愛的結晶，小孩滿月時，雙方大家庭各自穿著設計獨特的T恤，有如紅白大賽似地分坐兩邊，佐以音樂與舞步。中午時分，雙方家長討論新生兒父母是否應結為連理。不管有無談成婚事，下午 party 繼續，不抱憾、不傷感，父母還是小孩的父母，只是無緣夫妻一場。

離任前，有位與我情同姊弟的當地友人問我願不願意留下後代？

「Jerry，我們喜歡你，也會喜歡你的小孩。不用擔心，你不需要負責任，多年之後，假如你想回來看他／她，非常歡迎，但那之前我們會好好照顧你的小孩。對我們而言，Jerry，你已經是我們帛琉的兄弟了！」

會驚訝嗎？不會。在那寂寞的荒島，其實你不孤單，如果有愛。

帛琉誓詞

對許多人來說，一生如果能有一次機會造訪帛琉潛水、釣魚，已經非常幸運了。我何其有幸，能在這美麗的島國生活兩年，也因此學到了許多寶貴的工作經驗。例如海洋保育的重要性。

派駐帛琉期間，我深深感受到帛琉對於海洋保育與生態環境的重視。所謂的重視，並非只有政府形式上的政令宣導，而是除了確實執行各項環境政策之外，每一位帛琉人民、每一個帛琉孩子，對於海洋資源的珍惜，都是發自內心地內化到日常生活中。

為什麼呢？對於百分之九十GDP來自觀光業，而觀光資源絕大多數來自海洋的帛琉來說，海洋是他們的命脈，是他們賴以維生的工具，也是孕育帛琉文化的母親。沒有海洋，就沒有帛琉。

二〇〇九年，帛琉以法律明定全國為鯊魚保育區（shark sanctuary），也是全世界第一個鯊魚保育區，從此以後，二十三萬九千平方英里的海域成為鯊魚的天堂。

這項法律和臺灣有什麼關係呢？有，而且造成大使館很大的壓力。

故事是這樣的。

許多臺灣遠洋漁船會在帛琉的外海進行大目鮪魚捕撈作業，這些漁船會定期靠岸卸魚，漁獲通常直接在港口乾冰冷藏，再外銷出口至日本。

對臺灣漁船而言，除了價格好的大目鮪魚，另一個「重要」收入來源是鯊魚，或更準確地說，是鯊魚魚翅。就帛琉法令而言，如果漁船「誤捕」鯊魚，應該要放回海裡。但實務上，不少臺灣漁船船長總是心存僥倖，抱著賭一把的心情希望能將鯊魚魚翅帶回臺灣。此時，如果帛琉的海巡執法單位登船檢查，就是人贓俱獲，面臨巨額罰款。

多麼巨額呢？根據帛琉法律規定，在漁船上查獲一隻鯊魚罰款十萬美元，也就是三百萬新臺幣。

你沒看錯，就是十萬美元。倘查獲十隻鯊魚，就是一百萬美元，三千萬新臺幣。如此可怕的罰款額度，臺灣漁船應該不敢以身試法吧？

錯了，甘冒罰款風險捕抓鯊魚的案例仍然層出不窮，主因是魚翅的利潤誘因太高。但是，真的被帛琉警方查獲了，船長有辦法負擔罰款嗎？當然很難，此時只好求助大使館。

這時大使館的角色特別尷尬，一方面是國人在海外遇到司法問題，大使館於情於理都應該協助，但另一方面，大使館的存在就是為了鞏固邦交，而捕鯊這件事，臺灣漁船確實理虧。這算是海外國人急難救助嗎？也許算，但處理的過程不能讓帛琉政府感受到臺灣不尊重帛琉的典章制度。

大使館的正規處理方式是協助漁船船長與帛琉政府之間的溝通，尤其是翻譯的部分，但事情沒那麼單純，大使館接到的請求常常是：幫忙要求帛琉政府降低罰款。

講白一點，幫忙砍價。

讓事情更複雜的是，這些多數來自南臺灣的漁船會尋求當地民意代表的「關切」。

於是，船長通知船公司，船公司找立委，立委再找外交部，外交部再指示大使館。

但是，砍價沒那麼容易啊！和帛琉政府的一來一往之間，罰金固然能夠減少一點，但臺灣的形象也就這麼賠下去了。

每次處理類似的臺灣漁船捕鯊案，感受最深的就是帛琉政府與人民對海洋生態保育的重視。他們真心覺得應該守護海洋，因此更不能理解，為什麼臺灣漁船總是心存僥倖？帛琉政府常常義正辭嚴地告訴我們：「他們為什麼要獵鯊呢？這是非法的。」講著講著，我們也因為羞愧而低頭了（還是不能忘記要努力殺價，因為有立委關切，唉）。

另一件值得一提的是「帛琉誓詞」（Palau Pledge）。

自二〇一八年十二月七日起，所有入境帛琉的國際旅客都必須在護照上蓋一個章，並由旅客親自當場簽名，這個章就是帛琉誓詞。

帛琉誓詞的網站提供英文、日文、韓文、正體中文及簡體中文的版本（為什麼是這幾種語言？這些國家是帛琉的主要國際旅客來源），誓詞是這麼寫的：

Children of Palau,
I take this pledge,
To preserve and protect your beautiful and unique island home.
I vow to tread lightly, act kindly, and explore mindfully.
I shall not take what is not given.
I shall not harm what does not harm me.
The only footprints I shall leave are those that will wash away.

帛琉之兒女，
我謹立此誓，
以保存及保護你美麗而獨特的島嶼家園。
我立誓會輕手輕腳、行事仁善、小心探索。
不是給我的東西，我不會拿走。
不傷害我的事物，我不會傷害。

我留下的唯一印跡，是大海終將帶走的腳印。

帛琉誓詞的特別之處在於，它的內容並非官員撰擬，而是由帛琉的孩子們發想。這段美麗動人的文字充滿詩意，簡潔有力，重點是充滿了創意。這個創意也獲得國際肯定。帛琉誓詞在二〇一八年獲得廣告界奧斯卡獎「D & AD Awards' Black Pencil」的殊榮。

帛琉誓詞將帛琉對環境保育及永續海洋的堅持，與國境管理及海關政策結合。特別的是，這段文字具法律約束力，入境帛琉的旅客如果違反相關的生態保育規定，最高可罰一百萬美元。

是的，你沒聽錯，一百萬美元。帛琉政府及人民對於環境保育就是這麼嚴肅看待。

不管是捕鯊罰款還是帛琉誓詞，都讓我們看到帛琉對於環保及海洋的認真與堅持。尤其讓我感動的是帛琉政府在相關海洋保育政策上的執行力。這一點，真的很值得臺灣政府學習！

上帝派來的天使

臺灣的醫衛實力在國際上備受肯定，自然也是政府推動外交工作的利器之一。具體做法是由臺灣的醫院透過衛福部的合作計畫，「認領」一個友邦。

例如，帛琉的醫衛合作就由新光醫院負責。新光醫院在帛琉的醫衛計畫面向廣泛，包括轉診、校園農場、醫事人員代訓及營養午餐等，其中又以轉診最重要。在醫療資源不足的帛琉，全國只有一家帛琉國家醫院（Belau National Hospital，BNH）以及少數診所，醫療資源主要由世界衛生組織（WHO）及美國、日本與臺灣等捐助。由於醫療資源不足且醫事技術人員有限，遇到較困難的手術或是複雜的疾病，病人往往必須轉診到臺灣就醫，轉診業務則透過衛福部派駐在帛琉的協調人辦理。轉診資源並非無限，再加上華航每星期兩班的直航班機意謂著機位有限，因此常出現僧多粥少的情況。就好比臺灣的醫院有「搶病床」的情況，帛琉病人到臺灣轉診還得搶機位呢！

除了新光醫院，臺灣還有其他醫院也在帛琉從事不同面向的醫衛合作。例如彰化秀傳醫院駐帛協調人負責社區健康促進，意即從事公共衛教，或在當地社區用二〇一〇世足賽主題曲〈瓦卡瓦卡〉（Waka Waka）當背景音樂，帶領大家做運動。當時我身為大使館祕書，還曾奉大使指示，親自在社區體育館扮演類似「鄭多燕」的角色，帶大家做運動。

高雄義大醫院與義守大學則屬於義聯集團，二〇一三年義守大學與政府合作，開設了學士後醫學系外國學生專班（簡稱義大專班），目的是協助友邦培育醫學技術人才。學士後醫學系需要讀四年，直到二〇一七年才有義大專班首屆畢業生。

說起首屆畢業生，對我們的友邦來說可是件大事，當時的帛琉衛生部長與教育部長帶了一批國會議員來臺灣出席義大專班畢業典禮（有點類似爸媽從南部上臺北參加小孩畢業典禮的感覺，非常溫馨）。當校方公布第一名畢業學生來自帛琉時，帛琉衛生部長及其他官員都與有榮焉，第一時間就透過臉書分享這則好消息——第一位從臺灣畢業的帛琉醫學生，而且是第一名畢業！咱家出醫生了！

這位帛琉的衛生部長羅邁斯（Emais Roberts）就是在二〇一七年世界衛生大會替我們感性發言的兩位友邦代表之一（另一位是聖文森衛生部長）。羅邁斯部長對臺灣十分友好，他本人熱愛釣魚，精力充沛。那次他飛去日內瓦開會，抵達後，半夜寫電子郵件給我，說的就是要如何在世界衛生大會的場合協助臺灣。我在帛琉透過網路全程觀看他替臺灣執言的畫面，心中著實澎湃激動。我想他的每一字每一句都打動了很多人。

談到義大專班，不能不談談「上帝派來的天使」這個故事。

二〇一七年七月十二日晚上，義大醫院杜元坤院長帶著義大國際醫療部長梁正隆等人飛抵帛琉開會，此行目的為討論義大專班計畫。熟料，隔日清晨我接到緊急電話，帛琉總統府副幕僚長 Rebluud Kesolei 腦出血中風，需要緊急手術，否則短時間內有生命危險。

帛琉全國沒有腦神經外科醫生，羅邁斯部長馬上向幾個小時前剛抵達的義大醫院訪團求救。世事難料，有時候上帝要眷顧一個人，也得需要極大機運的巧合，梁正隆醫師恰恰就是神經外科醫師。

梁醫師本著救人天職，馬上義不容辭接下這個任務。但面對完全不熟悉的病房環境、沒有配合默契的護理人員，這任務與其說是挑戰，不如說是賭注，而且沒有太大贏面。

梁醫師當機立斷，決定先設法進行「腦室血水引流術」來替病人降腦壓，否則命在旦夕。我陪著他在醫院的器材室東翻西找，雖說我是醫學門外漢，但從梁醫師的表情看得出來，他找不到合適的專業導管，或者說，進行開腦手術的專業導管。沒有導管，就沒辦法引出血水，腦壓就降不下來。一分一秒過去，我們只能祈禱。

總算到了最後，找到堪用的導管湊合。我對醫學器材完全不懂，但根據梁醫師的說法，「那根管子不應該拿來接在頭上的」。可是沒有辦法，那已經是我們當下能拿到最接近合用的導管了。梁醫師二話不說，換上手術服進開刀房。杜院長也跟著換上手術服，為什麼？因為梁醫師需要一個有默契的專業人士在旁協助，以完成這個接近不可能的任務。

手術時間很漫長，大家焦慮地在外面等待。總算手術順利，後續大使館接手全力協助，幾個小時內讓病人搭上醫療專機，在梁醫師親自陪同下，直接飛往高雄義大醫院接受完整治療。梁醫師在高雄再幫病人開了一次刀。一個月後，病人出院，他在重生的慶祝會中說：「義大醫生是上帝派來的天使。」

你說有沒有這麼巧？這個故事裡，病人要存活的機率有多低？「幾個小時前剛有臺灣的醫院訪團抵達」加上「訪團裡剛好有神經外科醫師」，只能說是奇蹟，或是神蹟。

除此之外，前線外交人員的努力也值得肯定，從大使、承辦祕書到外交部同仁，大家齊心努力，雖然處理過程中許多環節都遇到困難，卻沒有人以公務員的冷漠被動心態應對，才讓這個故事有了快樂的結局。

二〇一八年的世界衛生大會很特別，臺灣民間有許多能量想要在國際上替臺灣發聲，看了很令人感動。我也常想到派駐在帛琉大使館那兩年，臺灣的醫療實力全球有目共睹，而我何其有幸，曾經在帛琉國家醫院的病房裡，親自見證來自臺灣的天使降臨並揮汗如雨。

接近天堂的學校

帛琉群島位於北緯七度到九度之間，雖然接近赤道，但海洋美景實在讓人難以忘懷，很多人常說帛琉更接近天堂。此話實在一點不假，因為帛琉人喜歡自稱PPP，亦即 Pristine Paradise Palau（絕美天堂帛琉）。倘有幸造訪帛琉，幾乎人人都會對帛琉海天一色的美景讚嘆不已。

在這樣一個天堂仙境般的國度，教育制度如何呢？派駐帛琉時，我有幸負責教育業務，時常與帛琉教育部長及其他教育官員交換意見，因此有機會第一手近距離觀察這個國家的教育制度。

帛琉的學制與美國相近，小學八年加上高中四年，之後假如要繼續升學，第一個選擇是留在國內，帛琉全國最高學府為兩年制的「帛琉社區學院」（Palau Community College，PCC），畢業後拿到的是類似臺灣早期的二專學位。

假如想拿一個貨真價實的學士學位，還有第二個選擇，也就是前往海外求學。位於太平洋的帛琉鄰近，除了有兩小時航程的關島、八小時之遙的夏威夷、四小時搭機時間的日本及兩小時飛行距離的菲律賓等。

還有臺灣。

請你閉上眼睛：一個剛滿十八歲的孩子，甫高中畢業，他的人生到目前為止，幾乎就是這個美麗的太平洋小島。全國一萬多的常住人口，左鄰右舍、樓上樓下都是親朋好友。當他面臨升學的人生關鍵時，該選擇哪裡呢？

語言是個考量。帛琉的官方語言是帛琉文和英語。年輕世代的帛琉孩子們深受西方歐美文化影響，無論是音樂、電視、電影，英文普遍程度不錯。既然要念大學，選擇同屬英文語系的國家很合理，起碼能避免語文的障礙。再者，帛琉隸屬自由聯合協定（Compact of Free Association，COFA）架構之下，美國政府每年給予帛琉的各項援助中，其中很重要的一項就是教育，包括了各類獎學金。因為這些原因，許多帛琉的孩子選擇赴美國念大學，地點除了關島和夏威夷，也有美國西岸如加州或奧勒岡州等（美國西岸特別是西雅圖等地，是帛琉海外僑民的聚集地，和許多臺灣僑胞聚集在西岸類似）。

對於中華民國駐帛琉大使館而言，教育業務是臺、帛雙邊合作非常重要的一環。相較於帛琉，臺灣的教育資源可說是異常豐沛。讓資質優異的帛琉學生到臺灣求學，除了能夠培養帛琉人才，更重要的是，這些學生在臺灣待了四年或五年後，會對臺灣產生深厚的情感連結，自己也會建立臺灣朋友人脈。等這些帛琉菁英學成歸國，通常都能在帛琉各個領域成為中流砥柱，對大使館來說，將是聯繫業務時最好的夥伴（甚至可以直接講中文）；若這些帛琉學生學成返國從政，當然能為臺灣發聲或提供各種支持。

因此，對於大使館來說，必須全力爭取更多優秀的帛琉學生前往臺灣念書。我負責這項業務時，主動向大使提出辦理「臺灣系列巡迴講座」（Taiwan Series Tour Talk）的計畫。怎麼做呢？很簡單，深入基層與校園。

我們和全帛琉的五間高中與帛琉社區學院聯絡，向學生宣傳臺灣的各項獎學金計畫（包括外交部獎學金、國合會獎學金及高雄義守大學義大專班獎學金）。為了強化臺灣的形象，我拉了其他在帛琉工作的臺灣同鄉，根據他們自身的專長規劃校園巡迴演講。這些和我一起走入校園的朋友包括了臺灣技術團（Taiwan Technical Mission）的農業技師、臺灣醫療計畫（新光醫院）派駐帛琉的協調人、國合會的華語教師、彰化秀傳醫院派駐帛琉推廣社區健康促進的協調人。換句話說，我們來自不同的專業背景及屬性，但有個共同點：站出來就代表臺灣。透過團隊的「下鄉宣講」，直接把臺灣的友善與正面形象傳遞給帛琉學生，然後大使館再以臉書與新聞稿的形式再次行銷。

「臺灣系列巡迴講座」是我的構想，但不是我個人的功勞。大使的支持非常重要，大使館全體團隊及上述那些專業人員才是居功厥偉。有趣的是，上述的農業技師、華語老師或醫衛協調人恰好都是女性，她們四人的柔性魅力讓這項校園計畫添色不少。說她們是「臺灣宣講團四姝」，一點也不為過。

效果如何呢？很難量化。但我很自豪地說，當時好幾間全校第一名畢業的帛琉學生都選擇到臺灣念書，而非美國。他們看到了臺灣真誠的友誼，把自己未來四年交給了臺灣，儘管這意謂得從頭學習另一種語文（中文）。對於大使館來說，獎學金的名額有限，能夠吸引資質愈聰穎的學生，我們當然樂見其成。

除了「臺灣系列巡迴講座」，另外值得一提的是義守大學學士後醫學專班。義大專班的學程設計類似美國，學士後的意思是你必須要有學士學位才能申請。

問題來了。帛琉國內最高學府是二專（帛琉社區學院），嚴格來說，畢業生並沒有學士學位，大使館只好四處尋找已經有學士學位的學生。但談何容易？已經在國外拿到學士學位的帛琉學生，通常較難鼓勵他們重新申請義大專班。原因有三：第一，時間成本太高。第二，義大專班的入學考試包括生物與化學兩個專業科目，並非每個在海外拿到學士學位的帛琉學生都有這兩個科目的基礎底子。第三，有些帛琉學生在美國拿到大學文憑後，因為就業或家庭的考量，選擇留在美國發展。

由於上述原因，義大專班在帛琉的招生狀況說實話蠻辛苦的。我剛去的時候就發現，帛琉連續三年沒有符合資格的學生申請義大專班。所幸經過上述「臺灣系列巡迴講座」與大使館全體同仁的努力，總算在二〇一七年找到一位優秀的帛琉學生Andrew順利申請。他現在每次從高雄上臺北都會和我打招呼，我也非常期待他能夠順利畢業，更希望屆時能參加他的畢業典禮。

義大專班為何重要？對於醫療資源匱乏的友邦如帛琉來說，一位醫師代表了三十年以上的醫療服務。這也解釋了為何二〇一七年義大專班首屆畢業典禮上，當帛琉學生以第一名的優異成績畢業時，帛琉衛生部長會如此興奮了。

我非常珍惜這段派駐帛琉時有幸負責教育業務的經歷，更感謝兩位大使給我百分百的發揮空間與支持。教育是良心事業，看到這些孩子來到臺灣求學然後愛上臺灣，是我們外交人員心中永遠的驕傲。

後語

紙飛機還要繼續飛

二〇一八年三月二十三日，我應邀在母系臺大政治系演講，主題是青年外交官的職涯分享。

那是「紙飛機計畫」的第一場。

現在回想起來，「紙飛機計畫」是我從公務員轉換跑道參與政治工作，參選臺北市議員的競選過程中，最讓我感動的一件事。

「紙飛機計畫」是我人生中第一個助理 Kevin 的建議。當時我還在外交部上班，決定參選後，Kevin 認為我身為史上第一個參選的外交官，又喜歡寫作，要不要試著去校園演講？畢竟外界對於外交官這份工作很陌生也很好奇，許多想從事外交工作的校園學子應該會很有興趣。當然一方面也覺得對選舉有幫助，可以期許自己成為一位關心公共議題的時事評論者。

演講的主題呢？我是一個有十年經歷的外交人員，相較於那些服務三、四十年的退休大使，我更能貼近這些校園學子。我的演講不會吹噓那些鞏固邦交的豐功偉業或是揭露外交祕辛，而是讓學弟、學妹務實理解，外交這一行到底在做什麼？一個外交官的家庭及生活會遇到什麼樣的困難及挑戰？需要何種個性與特質才適合加入外交部？

構想不錯，唯一的困難：真的有人想聽嗎？這個尷尬的顧慮我和 Kevin 當時都沒有說出口。直到選舉結束，我們才向彼此坦白。

顧慮很正常，畢竟一開始我沒有任何知名度啊！既然是 nobody，會有人請我去演講嗎？

我在臉書上設立了粉專，開始耕耘網路聲量。但要將自己從一介公務員轉型成一個公眾人物，一路上的確需要許多貴人的幫忙。

例如《天下雜誌》獨立評論專欄的總監廖雲章。感謝雲章當時願意給我一個在獨評寫專欄的機會，透過文字，逐漸有人注意到我。

除了雲章，之後陸陸續續有愈來愈多朋友出手相助。隨著知名度日漸提升，我也在「奇摩新聞」及「關鍵評論網」有了自己的專欄平臺，香港的「立場新聞」及「芋傳媒」不定時轉載我的臉書貼文，《自由時報》及《蘋果日報》等國內媒體也會刊登我的臉書文章。

我要特別感謝《BuzzOrange 報橘》平臺的專業團隊。創辦人戴季全及張育寧給了我很大的揮灑空間，我因此有了人生第一個節目，以 podcast 形式每兩週定期錄製專訪，主題圍繞外交及國際議題。我們希望透過這個節目，讓更多人了解外交議題。

回來講紙飛機計畫。

這個計畫的發起一開始當然很大膽，卻走得出乎意料地順利。第一場就在我的母校母系——臺大政治系。

演講當天教室爆滿，我很清楚地記得，一開始我坦白告訴臺下的學弟妹們，我其實很心虛。心虛的原因不是怕講不好，而是我當年在臺大並不是優秀的學生。嚴格地說，是很差的學生。我經常翹課，和同學不熟，學業成績是全班倒數。

總的來說，在班上我就是個很沒自信的南部小孩。沒自信有很多原因，包括覺得自己家境不好，得打很多份工，也老覺得自己穿著打扮很土，和臺北的同學不能比，和臺北人不能比。當然也包括看到臺北的女生會自卑。

這樣的學生，念到了大五總算畢業，想不到能在畢業十五年後被邀請回母系演講，真的很開心也很惶恐！

不得不說，臺大的學生很優秀，演講後的QA也很積極。重要的是，我深深感受到他們這個世代與我們的最大差異，就是他們充滿了自信。

畢竟是網路世代成長的孩子哪！對他們來說，世界真的很大也很小，很快也很慢。

紙飛機計畫就這樣在全國起飛了。

之後我們陸續去了清大（也是我的母校）、虎尾高中、臺南大學、臺南女中、臺中二中、中央大學附屬中壢高中、彰化高中、政大、臺北大學、板橋高中、東吳大學、北投社大、長榮大學、東海大學、光華國中、三重高中等學校與好幾個扶輪社。一直到選後的今天，我還陸續受到邀請，演講次數累積數十場。

這麼多場演講，前半部場次是在選舉期間。許多朋友告訴我，這些演講沒有票，而且根本不在你的選區，你又不是要選總統，不要浪費時間。

但我不這麼想。我覺得能回饋社會是件幸福的事，甚至是比選舉更有意義的事。多場演講中，總有些場次讓人難忘。

例如我在臺大的第二場演講，由臺大學生會邀請，全程以英語進行，那場演講的另一位講者是美國在臺協會前主席司徒文（William Stanton）。

在東吳大學的演講則有兩個意義。

第一個意義是，這場演講是我的臺大政治系同學，同時也是東吳大學政治系教授左宜恩幫我安排的。老左，從大學時期我就這樣稱呼他，和我都是愛棒球的人，他是獅迷，而我是象迷，我們都是臺大政治系系棒黑衫軍成員，不同的是我後來加入了校隊。知道我要選舉很辛苦，他索性幫我弄了一場演講，想說演講費不無小補。

另一個意義是，去了東吳這場演講，我找到了好幾個夥伴加入競選團隊。我小小的團隊當中，共有四位助理來自東吳政治系，分別是單珩嘉、陳彥勳、白昕祐及溫世同。這四個大男孩讓我從此對東吳政治留下了很棒的印象。

還有彰化高中及虎尾高中的演講。平心而論，在紙飛機計畫的演講中，我特別感動的就是這兩場。也許是同樣來自南部的背景，我深刻感受到南部小孩對於一位外交官來校演講的那種期待。這兩間學校的同學從邀請開始就非常慎重、有禮貌，當天我抵達學校後，他們熱情接待，演講時同學聚精會神，講完後的ＱＡ時間發問也十分踴躍及真誠。當下我真的覺得花了這些資源（包括時間與金錢）來演講，真的很有意義。

當然還有臺南女中的演講。我畢業於臺南一中，高中時當然愛慕過臺南女中的女生。那天演講，南中的校長做了一個幽默開場，演講結束之後，許多南女的學妹們排隊和我合照。當下還真的有點虛榮！

政大的演講則是政大地政系與外交系合辦，邀請我的是地政系系學會會長吳玥瑨，她也是我團隊的競選特助，在選戰中展現出超齡的成熟，扮演了很吃重的角色。

如果你要問我，講了這麼多場，有沒有感想？當然有。

許多學子真的對於外交充滿憧憬，但也處處陌生。臺灣處於一個非常特殊的外交處境，許多外交教科書教的，也許都不盡然適用於臺灣。很多場演講結束後的問答時間裡，許多同學也表達了他們對於臺灣外交處境的擔憂。外交是一門高度專業的行業，需要時間歷練。通過外交特考與成為一位優秀的外交官，完全是兩碼子事。考進外交部之後，你能不能適應這個體系，有時候與個性有關，真的無法勉強。

選舉已經結束，但我和我的團隊都希望紙飛機計畫能夠繼續飛，尤其希望能到比較偏鄉、教育資源相對匱乏的學校，讓這些比較辛苦的學生們，也可以一窺外交官的生活與工作樣貌。所以只要有學校或機關的邀請，我都會盡量配合。

而這本書，某個程度上正是為了回應在那麼多場演講中聽到的疑惑及不解。我希望能透過這樣的方式，讓更多有志從事外交工作的年輕學子們，了解外交這一行的實務工作，並在書中回答一些較常在演講中被問到的問題，也希望學子們能夠更清楚理解自己適不適合走這一行。當外交人員，絕對不是只有語言好就可以。語言只是條件之一，你的個性及人格特質會決定走這一行的路途開不開心、有沒有辦法自得其樂，能不能夠找到合適的另一半與你／妳同行。況且，每個人的家庭狀況及需求都不同，比如若有年邁的雙親需要你在臺灣長期照顧陪伴，長年在國外工作的外交生涯，也許就不適合你了。

希望你會喜歡這本書，也謝謝大家對紙飛機計畫一年多來的支持。當然，如果對我的演講有興趣，想聽聽我分享外交工作，也歡迎主動與我聯絡喔！

謝辭

寫作的過程，一路上要感謝很多人。

首先感謝時報文化出版公司，願意給我這個機會寫下這十年在外交部工作的想法，更感謝時報的編輯團隊讓我將書稿一拖再拖。時報的專業團隊對我這個新人來說是很幸福的，無論是寫作方向的調整或是後續的美編設計，都讓我無後顧之憂，在此向時報文化致上誠摯謝意。

再來要感謝獨立評論頻道總監廖雲章。二〇一七年下半年，我從帛琉調回臺灣工作，當時已經決定投入公共事務，雲章邀請我到書店午餐，深談過後，她允諾給我一個專欄空間書寫。那是我踏入專注寫作的起點，也開始思考以寫作做為志業的可能性。再次謝謝雲章當時對我的信任，希望我沒有讓妳失望。

也要謝謝臉書粉專上所有支持我的朋友們。你們的支持對我而言十分重要，也是支持我持續寫作的動力。我希望透過書寫這樣一個老派的方式，能傳遞更多的感動。

最後，最重要的是感謝我太太。沒有她扛起照顧和陪伴小孩的工作，我不可能有那麼多時間在電腦前寫作。我也要感謝我的父母及我的雙胞胎哥哥，他們從以前就知道我喜歡寫作，不過大概沒想過有一天我真的寫了一本書。

讓我們一起為臺灣努力。

二〇一九年七月於臺北

附錄

青年外交官劉仕傑：我應該用我的文字去感動人，而不是去寫公文

文／《BuzzOrange 報橘》主編　鄒家彥

——原刊載於二〇一九、六、二十一《BuzzOrange 報橘》「報橘人物」專欄

和劉仕傑的訪談，原本敲在五月十七日中午，但到了當天上午，劉仕傑問我能不能改時間。那天是同婚拚三讀的日子，大批挺同群眾一早就聚在立法院旁的青島東路等待結果，劉仕傑很不好意思地對我說，「我看法案應該還在表決，我想過去聲援。」

劉仕傑是很不一樣的外交工作人員，他出席挺同活動、經營粉絲團分享他對公共事務的觀點，而且還參加地方選舉，這些動作讓他成了外交部的「異數」。

「你上次去聲援同婚，部內OK嗎？」

「我興沖沖地想和同事討論同婚議題，問同事要不要參加年度盛事同志大遊行，但發現大家不敢表態也不敢討論？我納悶，性別平權是現在政府的政策，也是歐美主流價值，我表示支持應該還好吧？」

劉仕傑不喜歡當默默無聲的外交人員，自己認為對的、有熱情的事情，他就想要而且會去做。

二〇〇八年考入外交部，幹了十年外交公務員工作後，劉仕傑決定投入地方選舉，「我當時以科長身分出來選舉，大家都覺得我瘋了，因為出來一定被貼上麻煩製造者的標籤，以後不用想升官了！」參選的主因是劉仕傑想參與能對政治議題發聲的「政治工作」，在外交部當公務員，他不能發聲。

選舉失利，劉仕傑回到外交部工作，那裡不喜歡公務員講太多話，但被臺灣地方選舉洗禮過的劉仕傑，愈來愈忍不住話——參選時他的粉絲團只有六千人，經過半年，追蹤他的人多了五倍，突破三萬人！

他的竄紅並非因為在臉書抨擊外交部或執政政府，與此正正相反，他帶粉絲認識外交工作、關心臺灣在國際上的角色，「Every single time，我都是在 defend 我們的外交部！」

但這些大聲說話畢竟不是臺灣公務體系認同的作為。

劉仕傑在與《報橘》的專訪中，思索自己擔任公務員角色的不適，指出臺灣公務體系的僵化讓一顆顆經過國考、特考的年輕優秀腦袋，要不僵化、要不快速逃離這個不能講太多話的地方。

「外交特考放榜那一剎那，他們一定是意氣風發對親朋好友說自己考上外交官了，可是為什麼他們進來這體系兩個月、三個月、半年後，卻連講話都輕聲細語，不敢隨便發表意見？

能夠考上外交體系的這些人，一定不笨，但臺灣的公務體系有什麼壓力，讓他們這些人失去光彩了呢？」

劉仕傑自己呢？他會繼續第二個十年的外交人員工作，或者為人生再做另一場改變？以下是《報橘》專訪劉仕傑的重點紀錄。

《報橘》主編鄒家彥（以下簡稱「鄒」）：十年前我大學畢業時，就聽過非常多念外語學系的朋友都想考外交特考，這個熱潮到現在還在嗎？

青年外交官劉仕傑（以下簡稱「劉」）：對。我二〇一八年選舉時發起一個「紙飛機計畫」，開始跑校園演講，直到現在都在進行；我發現很多學生對外交這個行業、領域很有興趣，但他們其實不知道這工作到底在幹嘛，而且他們理解的外交工作和實際的，有非常、非常大的落差。

考外交工作，不是說英文很好、有外語能力就適合。我認為個性很重要，還有你未來的生涯規劃，包括外交工作有許多外放機會，你的家庭關係要怎麼維持？這幾個因素都很關鍵。

鄒：你說大家對外交工作的理解落差很大，就你接觸的這些大學生，他們認為外交工作在做什麼？

劉：比如說，他們認為我在外交部工作，我就是大使，甚至還有人以為我在當間諜。都是很模糊的概念。

這段時間新聞上可以看到很多外交議題，所以大家開始找各種議題來讀、比較，但其實新聞報導提到的外交工作，可能占我們真實工作的一%都不到。我想讓許多對外交工作有憧憬的同學理解，外交工作不是語言很好、長得一表人才或很美就能做好。

我在這行十年了，考試的確用不同語文來分組；我是考英文組的，我們這期英文組有十二個，榜首工作幾年後已經辭職，是個北一女、哥倫比亞大學畢業的女生，講英文和外國人一樣流利，西班牙文組的榜首也辭職了。條件真的非常好的人，不代表你一定適合走這行。最後還是要回歸到你的個性、你對人生的期望是什麼。

鄒：他們為什麼離開？之前我們聊天時，你提過現在看外交部內有些年輕科員工作變得小心翼翼、不敢大聲說話，我自己也聽媒體朋友說過，外交部裡工作氣氛比其他部會「恐怖」，為什麼會這樣？

劉：每個部會都有類似的問題。我之前有個在陸委會工作的朋友，他有一次在自己的臉書上分享一個新聞事件的連結，他認識的記者朋友就對他說：「你不要分享這個，不然可能會在這個議題上被貼標籤。」他的記者朋友應該是深諳「官場之道」才會給予提醒。

外交部和其他部會最大的不同在於，我們很多公文都會有業務機密，外交部的業務機密應該算是最多的，可能每個事情都可以是機密。我們有時候也會接到其他部會抱怨，「為什麼你們外交部轉過來的公文都要『列密』」——我們在打公文時，得選這文件是「普通件」、「密」還是「機密」，其他部會的同仁就會覺得，為什麼外交部的公文明明看起來也不是多重要的事情，但每個都要列密？公文只要一列密，處理上就會有很多規定和麻煩，所以其他部會就有這些疑問，為什麼要把每件事都看得很謹慎、機密？

我認為很多東西的確都是機密，但我們內部也會討論，真的有必要都要列密嗎？但因為列密就絕對不會錯，總比列成普通件被長官罵洩漏機密好。

鄒：但這沒有一個教育機制嗎？教大家怎麼分辨輕重程度？

劉：完全是主觀的，外交的許多東西都是主觀判定。比如說你今天在國外和某個政要見面、談了什麼事情，然後發了一個電報回來，這要算密還是不密？你看他好像也沒講什麼重要的事。當然，謹慎點總是比大意好。

鄒：但是不是有什麼弦外之音，也沒人知道。

劉：對。所以正常來說，我們的做法就是盡量列密。其他部會也感覺得到，外交部好像什麼東西都會列密。持平而論，我們的確有很多「密」的東西，但，是不是每個都要「列密」我也懷疑。不過這事情也不能和長官 argue，也許就是因為這樣，外交部裡的同事都非常謹慎，不想被長官覺得自己魯莽、粗心。

整個風氣就是這樣，在我進外交部之前，應該幾十年都是這樣的工作文化。

鄒：但這怎麼會讓在裡面工作的人不敢說話？這問題聽起來是大家有默契地在公文上列密就沒事了，為什麼會讓外交部人員連工作溝通都小心翼翼？

劉：我沒有標準答案，但我覺得外交部和其他部會很大的不同點在於，我們有外放的制度，每個同事對於想要外放的地點都非常在意，因為關乎自己的家庭生活、幸福，大家為了確定能被放到最想要的地點，寧可在職場採取最保守的作為。

比如說，外交部有個改稿的文化，就是改公文。承辦人的公文上去後，上面有科長、專門委員、副司長、司長、次長、部長這樣上去，長官很喜歡改，每一層都要改。官大學問大，有的長官真的改得很好，邏輯很強，但也有的改到後來都不知道在改什麼，有時候就改個一、兩天。

另一個保守的原因可能和藍、綠有關。大家不曉得四年後誰執政，所以遇到敏感的政治問題都不敢表態，或是寧願保守。連外國政要來臺灣，要說訪臺，還是訪中，還是訪華都變來變去。

鄒：一直改是因為和機密有關嗎？

劉：外交部很重視字句的斟酌，外交用語重視精準，這點我覺得是必要的。不過有時候公文也會被改到不由得暗自質疑。說老實話，今天這個長官改出來的東西不見得好，但因為他是你的上司，就一定要照他的寫。但這會讓很多年輕外交同事的士氣，被磨到很挫折、疲累。年輕同事或許不介意磨練基本功，但久了也會懷疑。

鄒：為什麼你能在外交部工作這麼久，長達十年？

劉：有些時刻真的很 rewarding，會有成就感，但也有遭遇挫折的時侯，尤其是遇到工作體系上的問題。我認為大家在看待外交工作的時候，都忽略了一個面向，大家會稱我們是「外交官」，但我們自己稱為「外交人員」，外交人員就是外交部的公務員——如果你覺得自己的個性不適合公務員，就不要覺得可以當外交官。

鄒：如果十年前的你曉得這是一份公務員工作，當時的你認為自己能勝任嗎？

劉：坦白說，如果我當時知道這個行業的面貌是這樣，會不會報考我會再考慮一下。我覺得這是個性的問題。我的家境並不好，外交部的工作讓我這個很窮的孩子有機會出國工作，我還是很感激這些機會。我臺大政治系班上的同學，很多家境優渥的，對他們來說，不只是出國念書，寒暑假花二十萬遊學，再尋常不過。

我演講時最常和同學分享的事情就是，我進外交部後才第一次出國。二十八歲考進外交部，二十九、三十歲時，外交部送我到英國牛津大學受訓。在英國那一年我去了十六個國家，倫敦到巴黎的機票，幾十塊歐元就有了，所以我到處跑。

後來外放到洛杉磯和帛琉，我覺得是外交工作給我的 reward，讓我能有和別人比較不一樣的生命體驗。我在這份工作的晉升算順利，沒什麼好抱怨，如果要比升遷，大家會說我很順利，起碼在二〇一八年參選之前。

鄒：你認為一個好的公務員應該是什麼樣子？

劉：以現在的臺灣來說，一個好的公務員應該要有前瞻性思考，理解現在社會的脈動，而且要思考自己正在承辦的事情，而不是日復一日以有沒有「前例」為準——我的意思是，某件事情發生了，只想看之前有沒有發生過，有就比照辦理，沒有的話就採取最保守的方式做。

現在社會變化得那麼快，要求這些公務人員在言論上自我審查，是對的嗎？早期對公務員言論自由的諸多限制有其時空背景，但現在已經是個人社群媒體的時代了，還要這些公務人員用一模一樣的思維和標準自我審查嗎？難道公務人員臉書只能發美食照、小孩照嗎？連分享、評論新聞都不行？全臺灣的公務人員這麼多，考進來都不容易，應該是整體社會的資產，但整個體系不鼓勵公務員思考和創新，只要求守舊與循例，不是很可惜嗎？

鄒：你是參與選舉後，才開始在臉書上發表公共議題評論嗎？

劉：我大學時就很愛在報紙投書。

鄒：像你這樣的個性、敢於在工作外公開對公共事務發表意見的人，在外交部是多數嗎？

劉：我不只是異數，可能還是唯一的一個。你應該沒有聽過會拋頭露面的外交人員。

鄒：但這樣的你，在外交部裡工作不會有壓力嗎？

劉：會啊，當然有壓力。會有很多聲音，比如「你不要講那麼多」、「不要寫那麼多」。

鄒：做為一個外交工作者，你們最大的內部挑戰是「不能有自己的想法」嗎？

劉：哎，我覺得你問得很好，答案就是：是。

鄒：如果你底下有個像你一樣的人，他每天分享的東西都是在談論時事、針砭政策，你會怎麼樣？

劉：很簡單嘛，就把界線劃清楚。這些人有個人意見，只要在辦公室把該做的事情做好，私底下要在幾百個、幾千個議題上有自己的意見，他就自己去講，因為他就是這個社會的公民之一啊，公民本來就可以表達意見、關心時事。只要不洩漏機密、不談到自己業務，公務員關心公共議題本來就很正常。

如果有記者今天來問我說「那個劉仕傑又在臉書寫一些東西」，我覺得沒什麼好問的，這就他自己的意見啊，反正他工作有做好就好了。這為什麼會是一個議題？

鄒：你公開批評過外交部的政策嗎？

劉：沒有。說老實話，從去年出來競選以來，我的每個曝光，不管是接受採訪或者上節目、寫文章、寫臉書，Every single time，我都是在 defend 我們的外交部。

比方說去年我參選時，發生大阪處長的悲劇，有中天的記者來採訪我，我講完後他們跟我說，這樣講不行，這樣他們不知道怎麼剪——意思就是要我去罵外交部，他們才會給我畫面，但我拒絕，我不會消費我的同事和長官。即便是在選舉這種最需要媒體曝光的時候，我都沒有消費外交部。

鄒：你和部會內溝通過嗎？說你其實在做的、談的是為了外交部、為了政府而做的事？

劉：我認為他們都知道。他們只是認為外交部只能有一個人發言，那個人是發言人。問題在於我寫的東西都說了是個人意見，記者還是會抓來寫，然後說外交官劉仕傑說什麼。但我不會刻意去對長官說我寫這些都是為了外交部，這樣感覺好像在求官。

鄒：這是因為外交官是個會吸引人注意的 title，所以記者一定會強調「外交官」，但為什麼你的粉絲頁要取名「青年外交官劉仕傑」？為什麼要表明你是外交部的人？

劉：我的粉專是去年因為選舉而設的，得想一個比較不一樣、讓人注意到的名稱，我寫外交官因為這是我和全臺灣候選人最大的差異點，但我的確也在思考找個時機改名。

鄒：你當時沒有想到外交部可能會對這件事有意見嗎？

劉：去年十一月底投票前，我的粉絲團人數只有六千多，這就是我的競選粉專，只是選完後沒關掉，我一直在經營。當你只有幾千個粉絲的時候，你不會是個「問題」，因為沒有記者會寫你的貼文。但現在不一樣，粉專人數快三萬，貼文讚數破多少，記者可能會認為有寫的價值。

我現在經營社群媒體較去年成功後，就變成部內的一個 issue。雖然我都說這是我的個人意見，但部內並不覺得，他們會認為「你出太多風頭」。我寫的東西，我自己定義成類似外交科普，就是和大家分享怎麼看一些國際新聞，素材都是網路上公開的新聞，我覺得這很重要。

臺灣社會長期太關注國內藍、綠政治，多點國際新聞的討論是重要的，也有些議題是社會時事，難道我不能夠針對社會議題發言嗎？他們當然會說可以，因為外交部除了部長外，有知名度的人不多，所以大家寫了、沒人看就算了；但是有人看，又被記者寫成新聞的時候，部內就覺得很頭痛。

鄒：為什麼參選當時，你不辭掉外交部的工作？你不擔心有人說你是投機分子，兩邊都不放嗎？

劉：那時候我們查了很多法規，說老實話，過去部內沒有人參選過，所以人事處很頭痛，不知道我可不可以選。後來我們翻了《公務人員行政中立法》，裡面有一條明文寫，公務人員有參政權；因為這個法條，確認我可以參選。

但後來部內在其他很多地方限制，比如我上節目，就被長官質疑為什麼要在節目上講一些事情。但我需要曝光啊！整個過程遭遇到部裡很多壓力，一方面保障我的參政權，一方面又引用一些很過時的東西來規範我，我到底要怎麼選？

外交部以前沒有人參選過，當我踏出這步的時候，他們就很驚慌，不知道要拿什麼東西來規範我。

我是被保障參政權的，所以當時參選不用辭職，是用留職停薪的方式。同時我也付出了代價，有將近半年沒有收入，我也是有個家庭要養的人。我本來是科長，但必須把我的主管職位交出來，我現在回去就不是科長了；我好不容易爭取到科長的位置，但參選回去後就不是主管了，這是我付出的代價。更不用提無形的代價，選完後，同事看我的眼光也變了。

至於被質疑兩邊都不放，選民都看到我選得很認真，所以我沒有聽到這樣的聲音。我也和其他人討論過這件事，如果看到一個律師出來參選，我們會說選完後如果沒當選，你不能當律師嗎？外交官就是我的職業，律師沒選上就去當律師，我沒選上為什麼不能回去原本的工作呢？所以，我並沒有聽到人家質疑我是在有「後路」的狀態下出來參選。

鄒：外交部的工作，過去你是灌注熱情在做的，直到看到很多無法改變的困境；政治這件事會不會也有你沒看到的面向呢？如果你真的投入了政治工作，發現其中也有一些讓你認為浪費生命的事情呢？

劉：我知道在雙腳真的踏進政治工作之前，一定有很多比較 dirty、frustrated 的一面，我也不確定自己是不是真的能做那些東西，但我現在單純想，我覺得我的強項是文字能力、論述能力，政治工作會有什麼令我挫折、不耐的部分，可能要等真的進去才會知道。

很多時候，一個人會想試著去做什麼事情，是小時候就知道的。我小時候寫作文、寫志願的時候，就寫我想當記者——你知道嗎？就是國小的時候，你就曉得自己對文字是有熱情的，然後那東西一直在你身體裡面隱隱作用，到現在，我已經快步入中年了，它還在提醒我。我真正的熱情和價值應該要用文字去感動人，而不是去寫公文。

鄒：你之前說，如果要做政治工作，需要不斷累積知名度，你有想過以後不紅了怎麼辦？比如發現自己貼文的按讚數變少了。

劉：這要回到我原本想做政治工作的初衷是什麼，我不是為了紅。如果我的初衷是為了和人群溝通、做公共論述的感動，那這感動不會因為我不紅就不存在。如果我真的做得好，投入很多心力去做，自然而然會有相對應的社會 feedback 給我。

如果有一天不紅？說老實話，我現在也沒有很紅，充其量有一點點網路聲量，和館長或黃捷等人比起來根本不能比。我的意思是，要找到自己的價值。我現在在網路上會收到不少粉絲私訊，特別是學生們的訊息，有的是國中生或高中生，有的是大學生，甚至是想考外交特考的人，他們想聽聽我的意見，我都會一個一個回覆。這讓我曉得經營的粉專，對他們來說是有價值的，就會讓我覺得很開心，因為他們認為社會上需要看到青年外交官劉仕傑去講某些話，讓他們被振奮、被感動。我覺得這角色可以是一輩子的，很棒。

VIEW 066

我在外交部工作

作　者—劉仕傑
主　編—邱憶伶
責任編輯—陳詠瑜
行銷企畫—陳毓雯
封面設計—李莉君
內頁設計—張靜怡

董事長—趙政岷
出版者—時報文化出版企業股份有限公司
一〇八〇三臺北市和平西路三段二四〇號三樓
發行專線—（〇二）二三〇六—六八四二
讀者服務專線—〇八〇〇—二三一—七〇五
（〇二）二三〇四—七一〇三
讀者服務傳真—（〇二）二三〇四—六八五八
郵撥—一九三四四七二四時報文化出版公司
信箱—臺北郵政七九～九九信箱
時報悅讀網—http://www.readingtimes.com.tw
電子郵件信箱—newstudy@readingtimes.com.tw
時報出版愛讀者粉絲團—https://www.facebook.com/readingtimes.2
法律顧問—理律法律事務所　陳長文律師、李念祖律師
印　刷—勁達印刷有限公司
初版一刷—二〇一九年八月十六日
定　價—新臺幣三二〇元
（缺頁或破損的書，請寄回更換）

時報文化出版公司成立於一九七五年，
一九九九年股票上櫃公開發行，二〇〇八年脫離中時集團非屬旺中，
以「尊重智慧與創意的文化事業」為信念。

我在外交部工作／劉仕傑著 . -- 初版 . -- 臺北市：
時報文化 , 2019.08
224 面 ; 14.8×21 公分 . --（VIEW 系列；66）
ISBN 978-957-13-7902-9（平裝）

1. 劉瑛　2. 外交人員　3. 臺灣傳記

783.3886　　108012073

ISBN 978-957-13-7902-9
Printed in Taiwan